無用之用

偷得書墨一段香

簡墨——編著

波赫士（20世紀最偉大的西語作家）：

「每讀一次某本書，每回憶一遍這次重讀，都會有新意。」

當才女作家碰上東西方經典，

跨越時空，成就讀者與作者之間最深刻動人的對話！

目錄

國外部分

序

有愛若此

——讀書筆記之一：我讀我心

讀書的喜好應該是天生的。五、六歲時就已經開始讀爸爸的舊書了。每天父母把我鎖在房間裡就去上班，午休時間急急趕回家來煮飯給我，下午我繼續讀書。仍清楚地記得，我讀的第一本書是《給初學繪畫者的信》，像第一位友人。

然而，這樣「一見鍾情」的友人，卻讓人前十年用來暗戀，中間十年用來忘記，後十年用來惆悵。是無奈，也是有福。

爸爸後來在公家機關的文化部門任職，管理著書畫、詩歌、小說、戲劇、曲藝、音樂、舞蹈……幾乎所有類別的雜誌，足足有三十幾種！

當時，文化部門的圖書館中，文史哲地科……各種書籍排得整整齊齊，那裡的鑰匙也歸我爸爸管了——回想起來，真感謝那個芝麻官官職啊！

又過了十年。我沒時間讀書，忙得汗都不顧得擦地寫了十年專欄和約稿。直到我辭職後，讀書才又成了我生活中最重要的一個部分——就好像魚兒選擇游動，花兒選擇綻放，駿馬選擇奔跑，蟲子選擇爬行。這是最適合我的生活方式。

純粹的讀書，得到最多的似乎並不是什麼功名，而是對自己靈魂的安慰。多一顆對文字的嚮往之心，即便多了些路要走，累則累矣，景色迷人，也是划算的。

或者素樸空靈，或者詭異深刻；或者是人性意義上的，或者是哲學意義上的，無所謂高低。

好書們就像是我那位熟悉無比、閉了眼睛也能曉得他的輪廓的愛人，那位最親密的知己朋友，那位打算白頭偕老的靈魂伴侶。

讀一本好書，就彷彿和它有了絕妙甘美的溝通。這種溝通雖然沉默，卻是非常有默契的，根本無須促膝對談。

好書和美人一樣，是天地靈氣之精華，而且往往可遇不可求；倘若碰巧遇上，頓覺驚為天人。讀書又如品飲苦茶，而茶以潤、勻、淨為上品，苦茶則更有一種枯索沉寂之美。極品好書也就暗含了苦茶的味道，美麗的極致一定附帶了些微憂傷。

好書讀來更如聽大提琴——歲月的痕跡無損它的魅力，反而是種風采，充溢著

序

愛到深處時欲語還休的憂愁和舉重若輕的淺笑。一本書就是百樣人生——我喜歡看到時光被清清楚楚地記錄下來，供人回憶。

讀一本書，俯視那些世間歌哭、離亂聚首，在瞬間真實的亮光裡，每個字信手拈來都是認真、良善的，突破了人間的種種隔閡和藩籬，處處是哲人的思索。那些書籍各個不同，卻又似曾相識，彷彿主角一概是我們的鄰人，或甚至是我們自己。

愛了許多年的書，自認沒什麼長進——還是順其自然，心地寧靜。

這幾日，盤踞床頭、隨手翻著的是：《道德經》、《懺悔錄》、《墓中回憶錄》、《楚辭》、《史記》、《感官之旅》，還有《徐霞客遊記》。有些是早年囫圇讀過的，有些是最近提起興趣的。有時，它們在我心中激起幽深的漣漪，有時它們帶來流水清風一樣的悠然歡快，有時它們讓我如沉溺瑜伽般地愉悅而沈靜……如同鑽石切面一樣，有著不同的迷人之處。

那些書，它們宛如偶然投宿的過客，在帶來短暫新鮮別緻的風味後又匆匆辭別，舊的空氣、舊的感覺，又重新占據它們曾經駐留過談笑過的地方。我如何能挽留住這些可敬可愛的書中美好？怕只怕，終究如舊時春風、紅樓翠袖，枉自消散了歲月、物是人非而已。

然生命若離弦之箭，帶著嘯響，轉瞬消失在世間。而我所知道的，能夠控制生命軌跡的，讓它們在空間裡多停留片刻的唯一方法，似乎就是寫作和讀書了。

唉，雖則時光不可挽留，至少可以讓飛翔的痕跡再現；而每一次閱讀都像和心愛的書一同遨遊。讀得多了，也就品出些意趣，人生便也有了永恆的意義。

像愛不死。

傳統文化部分

老說柔靜

——讀書筆記之二：宜事宜人

如果說《論語》和藹，是書架上應常備的；《莊子》浪漫，是床頭供臥遊的；那麼《道德經》還是用來冥想好了。尤其適宜汗水淋漓的熱天讀——它冷冽。

說句不太合適的話：老子的書跟童話差不多，它陰、柔、弱、厚，是讓人可得安眠的書。

柔靜．水

老子他老人家，青銅的鐘、鼎一樣，敦厚、樸實，清簡地立在那麼久的時光裡，彷佛只說了兩個字：柔靜。

孔子也說到過安靜和溫柔。可是聖人們無端地被很多後世學者望文生義成令人身上發冷的權術，全是一派治人者的口吻了。這使我以後避經典解讀如避冬天的大風——若能不去賦予它什麼求職、高升之道，並挖空心思地運用到實踐中，只安靜地讀聖人的「靜」，該有多好。

而東方古典哲學的虛幻浪漫全藏在那一片安靜溫柔裡，讀進去，你就什麼都擁有了。

因此老子的意思可引申為：不安靜，不溫柔，就不專心，不沉著；不專心，不沉著，當然談不上理想和造就。萬道如是。都說水到渠成。水是怎麼流的，渠才成？要柔靜地過來，順勢過去，方能成渠；否則吶喊著過來，強勢出擊，一地大水，恣肆橫溢，渠在哪裡？——那是江河氾濫，是水災。

一汪水，或渠，或湖泊，或江河，或海洋，先於天地存在之前就已經存在，平靜溫柔，才可朗鑑萬物，照見天地的精微，明察世間的義理，思想才清晰，做事才有準則可循——古時瓦匠建造房屋用來「定準」的方法就是倒滿一盆水放在院子中央，定準了高度，然後把一條細長管子的一頭沒入水中，從另一頭一吸，水就充滿管中。再把盆中的水倒滿，這麼一來，管子拿到哪就可以定出哪的高度——關鍵在那盆水，它柔靜，方做得「定準」的準繩。

嬰兒・權術

老子在《道德經》中說到「嬰兒」，也說到了權術。這裡試著結合它們看一下這兩個詞，稍做分析。

老子提過幾次「嬰兒」，例如：「聖人在天下，歙歙爲天下渾其心，百姓皆注其耳目，聖人皆孩之。」即：有道的人處在統治地位上，要收斂自己的意欲，使人心歸於混沌、純樸。百姓都專注於自己的耳目（追求自己的欲望），有道的人使他們都回到嬰兒般的純真狀態。

還有：「含德之厚者，比於赤子。」即：「含德深厚的人，比得上嬰兒。」

由這兩句話不難看出，老子對於成為「嬰兒」或復歸於嬰兒狀態是十分羨慕和讚許的，而且，他把人民復歸嬰兒狀態看成是最好的狀態，而同時又把德行深厚的人比喻成嬰兒，可見，他是尊重嬰兒似的人群和人的。他所稱道的統治者，也是收斂自己意欲的人，「我好靜而民自正……我無欲而民自樸」，自然的德行可固守根本，天下也得以安定、教化。

覺得領悟聖人之道不可矯枉過正，或帶著一顆激憤的反抗心去讀。老子之說並沒有不求上進的意思，我所理解他所言的「清淨無為」，主要是「清淨」，而「無為」的重點是「大邦者下流也，天下之牝也，天下之交也。牝恆以靜勝牡，為其靜也，故宜為下也。」（大國要像居於江河的下游一樣，處於陰柔的位置，這是天下交匯的地方。陰柔常以虛靜戰勝剛強，就是因為它安居於下的緣故。）《易經》開篇「潛龍勿用（未得時勢的有能之士應當謹小慎微）」的意思在，透出類似全知者的自信和雄壯——儘管講的還是要安於柔靜。

說到底，老子所謂「無為」，只是一種安靜平正的心境。「甘居下流」也只是一種迂迴，這和有沒有遠大的理想毫無關係。況且你看，他的理想是到了「治國」一步的。而因為闡述和平，詞語間互有尊重，所以感覺起來到底與權術關係不大。這是老子特別可愛之處。認為天地萬物都是由物質生成，所有有生命和無生命的物質應當相互尊重、共生，且會根據它的特有屬性給予回饋——以自然的力量給予獎勵和懲罰——如今紛繁浮躁的工業時代帶來的種種憂患就是一個例證。更重要的是：老子將理想放置於權術之上，將未知委之於「道」，而不是委之於「神」；在那個時代，已經是很了不起的境界了。就是在兩千五、六百年後的今天也並不過時。真理哪會過時？

倒是翻翻《管子》，常常被有些詞語嚇到：什麼「牧民」、「順民」、「使民」、「厲民」、「用民」、「分民」、「教民」……權術色彩比比皆是。小境界、小思想，透著狠厲、自以為是和高高在上的得意，嘴臉難看。所以，就連學者們也不願意去碰《管子》呢——過分功利，小家子氣。

其實，不管是為君、為百姓，乃至讀書人，倘若皆能以「嬰兒」般的精神狀態為最高境界，是非常好的。要做的，各司其職、兢兢業業是必要的；但，為官為宦，不貪婪，不掠取；為百姓，守本分，該做什麼做什麼；為讀書人，為大義而學，不天天思索以此去奪高官厚祿……恪守光明大道，那麼，哪裡不波瀾不興、天下太平？而那些外物的喧囂紛亂，較之人生的安靜溫柔，又算得了什麼？

在這個隨便哪個戰爭狂人輕輕按一下按鈕，世界即可成為齏粉的時代，重提溫柔、安靜這樣的字眼，以求人們遠離詭道，赤誠相愛，還是有必要的。

棄風飛翔

——讀書筆記之三：無死無生

獨處是件多好的事！好像在一兩個小時中成為了世界或者宇宙的王。

像莊子那樣，內心存了真正的孤傲與高貴才是可以超越這庸碌生命的唯一之路。就這樣，除了他——幾乎包括其他聖人，人群中的每一個都是寂寞的，都是懷著對生的貪戀與對死的惶恐投入人世——不管是哀愁還是欣悅，不管願不願意，有什麼辦法呢？只能如此！沒有人可以重回母親溫柔煦暖的子宮。所以，順應命運，就像呱呱墜地之前與結束生命之後的兩段黑暗之間，短暫的一閃即逝的光亮。

漢代《樂府》〈董嬌嬈〉中吟唱：「秋時自零落，春月復芬芳。何時盛年去，歡愛永相忘」，以及《古詩十九首》詠哦：「人生寄一世，奄忽若飆塵」、「人生忽如寄，壽無金石固」。光陰的流轉恐怕就是那樣不遂人願。

死亡是無可逃避的。我們很容易迷戀上電影裡頭那些華麗而頹靡的死亡，比如火飛鴻之死（《燕尾蝶》），比如班之死（《遠離賭城》），比如盲武士之死（《東邪西毒》）。這些場景讓我們覺得死亡遠比苟活美麗，於是我們開始大聲朗誦憂鬱的詩篇。可那樣的詩篇不是我們自身所能寫就的，完成它們的是顧城，是海子，所以他們像櫻花一般凋零了，而我們照舊渾渾噩噩地活著。我們的死亡很有可能如同《童年往事》中的母親與祖母那樣，痛不欲生，苦不堪言，坐以待斃，沒有煙火，沒有流星，沒有墜落的雲朵……我們在死去的時候甚至沒有回顧人生的力量。

我們其實根本就沒有回頭的膽量。

因為我們明白，回頭只會看到白茫茫的一片，那空洞與迷惘令人心灰意冷。而卑鄙如我們，只配裝腔作勢。我們書讀到一半就睡著，電影看了個開頭就走掉，躺在床上莫名煩悶，走在街上慨嘆無聊，連愛一個人也嫌麻煩……何處才是心靈歸宿？要是真能像《鬥陣俱樂部》中的愛德華·諾頓那樣把自己的藏身之處給炸掉就好了，正所謂置之死地而後生。我們就是沒有身陷過死地，所以我們不懂得何謂掙扎。我們不掙扎，我們就學不會生存的技能與生活的藝術，我們只好繼續做白日夢，在這人人如同座座孤島的塵世中漂流……於是，我們學著朱希真，說：「人已老，事皆非。花前不飲淚沾衣。如今但欲關門睡，一任梅花作雪飛。」看似曠達，其實還是無奈。

唉，跟著儒家入世還是好的，但真正出世的哲學還屬道家——謝天謝地，道家傑出人物莊子用私事和自己的身體力行，為我們演繹了一段多麼有用的公案：《莊子·至樂》篇載：「莊子妻死，惠子弔之，莊子則方箕踞鼓盆而歌。惠子曰：『與人居長子，老身死，不哭亦足矣，又鼓盆而歌，不亦甚乎！』莊子曰：『不然。是其始死也，我獨何能無概然！察其始而本無生，非徒無生也，而本無形，非徒無形也，而本無氣。雜乎芒芴之間，變而有氣，氣變而有形，形變而有生，今又變而之死，是相與為春秋冬夏四時行也。人且偃然寢於巨室，而我噭噭然隨而哭之，自以為不通乎命，故止也。』」

莊子娓娓敘述了他對生死的認知——生命如同四時運行，而本無生，也本無滅，生死有什麼好悲痛的呢？死亡不是終結。他主張全真保性，強調死生、存亡、窮達、貧富、賢與不肖……都是自然法則，天地與我是共生的，萬物與我是共滅的。這和孔子的那句「未知生，焉知死？」一脈相承。

記起佛洛伊德也說過的：「人生來就有生的本能和死的本能。」既然提到本能，就是無可抗拒而應順應自然的事物。比莊子的說法直接，但遠不如莊子詩意。

莊子還說：「物無非彼，物無非是。自彼則不見，自知則知之。故曰：彼出於是，是亦因彼。彼是，方生之說也。雖然，方生方死，方死方生；方可方不可……」遠在幾千年前的他已經認識到彼和此、生與死互相依存，彼此轉化。

而彼此轉化的媒介是什麼呢？這媒介就是「氣」。在古代，氣是個很基本但又非常重要的概念，它的涵義也很豐富，除了表示通俗的空氣或呼吸外，還被用來指向生命力或是使自然萬物得以生存繁衍的基本素材和內在的原動力。他的意思是：氣為形體和生命的基礎，人不過是氣的循環的一種形態或者是一個環節，因此人不必戀生惡死。而只有順應生命走向和際遇，才可以獲得純粹的、個人的、精神上的自由。

為了得到進一步的慰藉和安全感，我們可以這樣引申他老人家的教益：自身死亡不值得懼怕，鍾愛的人去世也不必哀傷，因為靈魂會繼續前行，而肉體則停留在原地。靈魂才是真實的我們，而真實的我們並未死亡。我們所要做的，只是珍惜每一個現在，用心享有眼前的幸福。我們不應再對自己的愛有所保留，吝於對他人付出，因為我們深刻明瞭，你我彼此的存在，都是極其珍貴而短暫的。我們更不該無意義地浪費時間，嫌棄抱怨，或者渾渾噩噩度日；相反地，我們明確地選擇好自己要做的事，開心地享受所愛的活動，以平和的心接受生命的一切經歷……這可不可以理解為世人都畏懼逆風步行、而求助順風行舟之外的棄風飛翔？

這也吻合了他說的另一句話：「乘物以遊心」。他生活貧窮，但他不在乎利；他思精才富，但他不在乎名。他只在乎心靈是否自由這件事。

然而凡人大多無智；拿這則典故來說，世人大多以世俗的倫理或庸俗眼光看待此事，或稱之為矯情，或指責為無情，卻不知莊子的智慧完全是由於他對生死的深刻認知——也許他並未全然了解生命真相，但顯然，聖人都是走在眾人前面的人，因而看歷史上的聖人常常蒙冤含詬也就不足為奇了。

可以為他證明的，還有他對於自己死亡的看法，好像比對之其妻更為放達：「莊子將死，弟子欲厚葬之。莊子曰：『吾以天地為棺槨，以日月為連璧，星辰為珠璣，萬物為齎送。吾葬具豈不備邪？何以加此！』弟子曰：『吾恐烏鳶之食夫子也。』莊子曰：『在上為烏鳶食，在下為螻蟻食，奪彼與此，何其偏也！』」

意思就是：莊子快要死了，弟子們打算厚葬他。莊子說：「我把天地當作棺槨，把日月當作連璧，把星辰當作珠寶，萬物都可以成為我的陪葬品。我陪葬的東西難道還不完備嗎？哪裡用得著再加上這些東西？」弟子說：「我們擔憂烏鴉和老鷹啄食先生的遺體。」莊子說：「棄屍地面將會被烏鴉和老鷹吃掉，深埋地下將會被螞蟻吃掉，奪過烏鴉老鷹的吃食再交給螞蟻，怎麼如此偏心！」

形體歸於天地，生死歸於自然。這就是莊子對生死的認知。

莊子眼裡的人生更像電影，電影不就是一場夢嗎？是長是短、是悲是喜，簡直或曲折、輝煌或灰敗……都不過是一場混沌的夢遊。怎知是莊周夢蝶，抑或蝶夢莊周？

聽那先哲鼓盆而歌的勸慰：

既然死亡如同出生般容易，那麼有什麼理由，不抓緊時間好好微笑？

既然躲也躲不過，那麼黑夜再黑，就當看不見，就讓生命——就讓它，展開亮如白天的翅膀，「遊乎塵埃之外」，棄風飛翔，通往蒼穹，也飛向大地。

藝術來處

——讀書筆記之四：論說論語

《論語》是我自己書桌常駐、自娛自樂的一部書。

它自然有嚴肅的讀法，我也認真地讀過，寫比較重大題材的東西時偶爾想到它的嚴肅意義。但這裡只說它不嚴肅的讀法，還局限於探詢藝術的來處這樣的一種讀法。

日常中，我從來不把它當成嚴肅的書——它哪裡嚴肅？它淺白直接，述而不論，處處自得，有趣極了。

一、隨意說說「氣」

《論語》，它看起來並沒有西方哲學那種系統性（當然我也喜歡西方哲學的系統性），但它有自己完整的美學精神和絕不低俗的審美取向，且絕不粗暴，不強調迅捷、明瞭和一剎那的視覺震撼力，倒時常有一種溫煦的人文關懷的意蘊在，精緻、素樸、美侖美奐、意味深長、氣定神閒、渾厚、充滿禪意、儒雅、飄逸、靈動，這就是東方藝術的氣質。它的每一個詞彙乃至每一個句子都是圓融的，多面的，涵蓋了許許多多未曾說出口的內容。有時是無須說出口，有時是說出口就沒意思了。

說白了，《論語》是一本需求悟的書。

而「悟」這個字簡直就專屬東方。任何事物它都有自己的靈魂，這靈魂秉持自己的本質，發散出一種氣息，即東方哲學上講的氣。

這種東西到底是什麼呢？我覺得是一團混沌，只能朦朧感覺而不能言說的東西。在藝術裡，可不可以理解為流轉的精神，以及與其相關的氣韻、氣質、個性、志趣、情操、風貌、風格等等？它來自最本質的藝術來源。孟子說過：「吾善養吾浩然之氣」，華人也講究「精氣神」、「文氣」、「生氣」之類，其中的「氣」就是指這種不能言說的「混沌」。

關於「混沌」一詞，翻開字典，見釋意曰：「指宇宙形成以前，模糊一團的景象。」東方人喜歡含蓄，認為「含蓄」即美。「混沌」本身就有一種不確定、耐人尋味的意思，這和東方古典哲學與宗教相關聯。譬如，傳統繪畫所展現的「空」、「靈」、「氣韻」以及「墨分五色」，用有限的筆墨表現無限的意境等美學思想，都是為了在尋找一種不確定的混沌美。

同樣，中醫也好，京劇也好，詩歌、書畫、歌舞也好，乃至求卜相馬，都是來自心靈的氣息。這是和西方的理性和邏輯推理不同的地方。

氣是需求養的，需求集義養氣，義就是善。

而《論語》正是這樣一部集義成氣、瀰漫了迷人之「氣」的偉大著作。

至此，記起禪宗裡一個有意思的公案，說前面是壁立千仞，後面是萬丈深淵，你怎麼辦？好多人會答：我站著不動。

而這種思維恰恰是極為冷靜、嚴密推理過的。而藝術，尤其是東方藝術，恰好並不需求這種思維。《論語》因其貫穿首尾的質樸、隨意之氣，成為最好地詮釋和引導我們藝術思維的著作。孔子說「隨感而應」，正是這樣中肯的勸誡。去仔細看看，夫子的論述裡談的都是這樣一種「隨感而應」的思考模式。

對於傳統文化，包括《論語》，我理解總體來說就是一個歸一的理論。這是最接近我們本質、最需求守住的東西。

新時代為我們提出了新的課題，這個時代考什麼？考我們的思想、我們的智慧、考我們的觀念，考我們的定力。這都是我們這一代人要思考的。

二、洞徹就好，不必獲得

《論語》給我的另外一種感覺就是：它和藹，並且總說實話。這不妨礙它陽剛正大，光芒四射。一點都不。

這不是件容易的事——現代人對家人、好友笑著自然說出的話，與他們在職場或交際場合擺架子、繃著臉裝模作樣說的話，完全是不同的說話方式。這一點也不讓人吃驚。跟《聊齋》中「花面迎逢，世情如鬼」的描述也差不多了。

如你所知，孔子的思想核心「仁」即「愛人」。他把「仁」作為行為的規範和目的，使「仁」和「禮」相互為用。主張統治者對人民「道之以德，齊之以禮」，從而再現「禮樂征伐自天子出」的西周盛世，進而實現他一心嚮往的「大同」理想。

因此，它的和藹和老實無處不在。

弟子三千，孔子靜坐。弟子隨意亂講，他都有耐心作答，而其間並無半點限制和隔閡，即便是頂撞或反對也絕無報復。那種氛圍就是上面我們說到的氣。這樣的氣場讓人愉快，身心舒朗。我們多麼嚮往。如：孔子對子路——哦，這也是我非常喜歡的一位孔子弟子，他率真慷慨，能和朋友一起分享他的車、馬以至衣服，且耿直得可愛——孔子對子路的很多言行就跟個嬌慣孩子的母親一樣，毫無辦法，被忠實記錄，也凸顯了孔子和藹得可愛：

一次，子路問，如果衛君要他執政，他將先做些什麼。孔子說：「必也，正名乎！」子路居然敢嘲笑他：「有是哉，子之迂也！奚其正？」孔子教訓說：「野哉由也！君子於其不知，蓋闕如也。」而後說了一通為政先正名的大道理，對比子路的頂撞，顯得態度十分溫和。

還有一次，孔子去見衛靈公的夫人南子。南子素有風流的惡名，子路不高興自家夫子見那樣名聲不好的女子——難怪那孩子一向被孔子愛著，不懂得掩飾，所有心思都寫在臉上。急得老人家只好賭咒發誓：「予所否者，天厭之！天厭之！」語氣無可奈何。

關於和藹和說實話最著名的那一段，我們讀書時就已經在課本上看過，至今仍有印象：《論語．先進》中，孔子與眾賢子路、曾皙、冉有、公西華在一起，令他們各言其志，子路冒冒失失，搶先作答，說了一通大話；冉有、公西華以虛懷若谷的語言表述了自己的志向；而後是曾皙，最天真無邪的曾皙，他說：

鼓瑟希，鏗爾，舍瑟而作。對曰：「異乎三子者之撰。」子曰：「何傷乎？亦各言其志也。」曰：「莫春者，春服既成。冠者五六人，童子六七人，浴乎沂，風乎舞雩，詠而歸。」夫子喟然歎曰：「吾與點也！」

你看，孔子是就說是，不是就說不是，即便被學生問得張口結舌，被路遇的農夫罵成「五穀不分、四體不勤」也不慍怒，還尊稱人家為「隱士」，與他所說的「知之為知之，不知為不知」一樣，坦白無欺，純稚可愛。

而且，孔子並不是個死板的人。對於人性，孔子也有深刻的洞察。《詩經》裡有一篇〈常棣〉，在評論「常棣之花，偏其反而，豈不爾思？室是遠而」時，孔子說：「未之思也夫！何遠之有？」即：這是你沒有真正想念對方啊！如果真的想念，有什麼遙遠的？這正是世人皆以為刻板的孔子，對愛情最精闢也最準確的理解。

其實，那種溫煦與和藹、老實一樣，是詩歌乃至一切藝術的最高境界——甚至溫煦更好呢！瘋狂、討巧，以至於故作自然純稚，都是藝術的忌諱。自然，那種溫煦也是我們學做人的標準。所謂「謙謙君子，溫潤如玉」也正是指這個。

我並不像其他通俗的解讀一樣，解讀到孔子教人「怎麼樣才能過上大家想過的那種快樂生活」。正宗儒學多麼理想主義！多麼公道人心！而那些通俗的解讀又是多麼實用主義而世故！它們簡直是反義詞呢！孔子又哪有這麼複雜——他是最雄健簡樸的哲學家，來自人類最困惑也最渴望、最浪漫也最純真的時代，一生講究「內聖而外王」，眼裡沒有一絲淫巧小慧，想著、念著的全是「人間蒼穹，無涯理道，生命萬象」，即那些救世的良方，混沌的大道，和度漫漫人生到蒼茫彼岸的明燈。明燈照處，是洞徹的喜悅。

將《論語》中的「唯女子與小人難養也」其「小人」解釋成「小孩子」，真是滑天下之大稽。這不是《論語》，甚至是反《論語》。沒有一定儒學知識的人，很難分辨。這樣隨意的「解讀」比比皆是。在一個傳統文化斷層猶如鴻溝一樣的今天，對於經典的詮釋應該要比別的時代更嚴肅、更精確。

而《論語》簡單至極。其最終目的，是要自己的學生不但求得內心的安寧和快樂，更要有所擔當，為民解憂。《論語》像月亮一樣，坐著變幻的雲彩，慢慢地逡巡，帶著幾分讓人心疼的孤寒。

同樣，藝術的來處也是如此：它不是獲得，是洞徹。

換個說法，就是：洞徹就好，不必獲得。

三、靜水深流

接上章，自然該說到靜的價值。

「水靜猶明，而況精神」，不論是水還是人，要照得透徹，也須靜來輔佐。

孔子是靜的，他的哲學思想也是靜的，語言更不用說。

在《論語》裡，他說：「為政以德，譬如北辰，居其所，而眾星共之。」意思是：管理國家要以身做則。如同北極星那般安然不動而衆星繞之。靜是十分有意思乃至有用的東西，我們應當守住的東西。

孔子還盛讚顏回：「一簞食，一瓢飲，在陋巷，人不堪其憂，回也不改其樂……」他讚的也是顏回難得的靜。

近代國畫大家石濤的「筆墨當隨時代轉」十分流行。這說法本來也沒錯，任何一門藝術沒有不斷的、隨時的創新就必定滅亡，這當然無可厚非。卻被世人誤解成：求奇、求怪、求醜、求快等等。日新月異的藝術主張，有的甚至近乎邪惡。在一些大型書法展上，還有人將這句被扭曲了原意的話寫出來，漂漂亮亮地裱框，堂而皇之地展出。如此大興其道，到最後還是殃及到人們自己的心。何況孔子還說過：「君子不役於外物。」你筆墨隨時代轉了，如同向日葵一樣，哪裡光亮就仰望哪裡，你還有什麼心思低下頭去自省及思索？而無論是哪一種藝術，有什麼能離得開這些？

古人談到藝術時，有說法叫「立足怕隨時俗轉（有時我父親還會加句「留心學到古人難」，湊成對聯，寫成條幅）」。這和上面說的「筆墨當隨時代轉」就像一對冤家，由此形成的藝術陣營也自然不共戴天。因此，所謂的「當代派」和「傳統派」就出來了，並相互對罵個不停。

徐悲鴻說過，勿慕時尚，一意孤行。這話說得夠堅定，也夠明確。他是西畫和國畫結合得最好的藝術家之一，可是你瞧，他的主張多麼堅定。因此，他才成為大師。

將孔子的言論當成古文物去研究和貶斥，才真正迂腐。儒學所遭到的破壞至大，以至於想找一個好老師修習都非常難。而蓄意「創新」者又太多，這種人不但對儒學沒有幫助，還總是把它學術化，變成一種僵化的理論體系。這可能是我們、包括那些一心一意廢除傳統的人所不願意看到的。

世界是千變萬化的，而總有一些東西萬變不離其宗，是常態的。而只有這樣，有動，也有靜，靜出於天，動來自地，陰陽相交，萬物叢生，清氣上升，濁氣下降，這個世界才能保持平衡和和諧，呈現一種秩序之美。「知常守靜」，這樣四字普通的、孔子的哲學老師——老子的諄諄教誨，目前大概總不如「知足常樂」更深入人心。因此說，沒有人沉靜下來，深刻地思索，是我們這個時代的大忌。藝術的產生卻是那麼脆弱，像教養一個弱不禁風的閨中少女，經不起太多喧譁。再加上物質主義的出現，瓦解靈性，拘泥於聲名、形式，以偷窺為樂，以稀奇為好，視而不察，思而不明，淺嘗輒止，信口開河……這是我們最不願意看到的事。

現在的某些作品或藝術很「鬧」，大有「語不驚人死不休」和「搜盡奇峰打草稿（這兩個著名的句子也被世人扭曲得失去了詩人和畫家的本意）」的味道，不懂得靜觀的妙處，「藏」住一些鋒芒。其實好的作品或藝術，根本就不需求特別用多麼強烈的表達方式去表現，冷靜低調則更顯睿智和力量。你的東西用力太過，不靜了，只能像二流或三流搖滾樂——很多所謂的搖滾樂只是形式看起來像搖滾樂，究其精神力量卻是蒼白無力的；而有些慢吞吞、只有一把木吉他伴奏、看似沙啞、不太花心思的聲音（譬如鄉村音樂），卻讓人莫名震撼。這裡面的奧祕是什麼？

也許有人說，靜了容易影響眼界。這實在是擔憂得多餘，簡直可笑了。一個真正的藝術家，他不怕親手挖一口深井，坐進去思索——任何真正的藝術家都是深刻的思想家，他的思想的王國是無窮大的，軀體不過是個寄身之所。反倒是他一旦身陷繁華，那才真正是危險之地——他將有一個很可能被膚淺、躁動打擾的未來。他若能靜，一切便都在他掌握中。「事無大小，心自無窮」，他愛萬物，萬物也便愛他。

正人心是文明的根本，人心壞則世界壞，正如放眼史上，貪官多不可怕，民風壞才真可怕。而文明的指標，真正的現代化，是人的現代化，心靈的現代化；然而，當今全球充斥謊言、拜金主義、躁動，缺乏誠信、理想、純潔和真摯這些美好之事，這是和聖人教誨相悖的。

靜很難，正像守本分很難。靜了，守本分了，不老是胡思亂想，就有了端詳、打量社會、細節、人生、生命的餘裕，由此而生的東西就有可能是質樸的，沉靜的，不複雜多變，且堅實有力的。如高僧入定，「閉門便是深山」，便可以養神、養氣，從而神清氣爽，腦筋也轉得快，提升己身境界。

唱得響亮

——讀書筆記之五：那春那秋

讓文字顯示它自己的力量，讓精神顯示他原本的力量。這就是《孟子》，一個舉起手臂的思想家，用好聽的男中音莊嚴朗誦出的人生宣言。

其實，書和人一樣，是有它自己的力量在的。只不過，也如同人一樣，一團原本好好的精氣，在這個喧囂的世界上，被各式各樣無聊、無趣的事物所肢解、損耗，於是也就泯然無影了。

我希望自己能獲取一點這力量。

孟子的「迂闊」

孟子是儒家，恪守儒家的師門規矩，不肯做太大的改動，恥於談霸道，也不為享樂所動——他見梁惠王，「王立於沼上，顧鴻、雁、麋、鹿，曰：『賢者亦樂此乎？』」

哦，見齊宣王，竟也有類似句：「齊宣王見孟子於雪宮。王曰：『賢者亦有此樂乎？』」

讓人不得不懷疑君王們問道的誠意——簡直是炫耀，甚或挑釁。好像是在對著一寒素貧家，出示黃澄澄的金子。是啊，他們這些「賢者」擁有天下，且國富民強，有足夠炫耀和挑釁的資本。

好在，我們知道孟子還有一句「富貴不能淫，貧賤不能移，威武不能屈」，他是一個實踐家，精神豐足，從不說大話（在孟子那時，搖唇鼓舌之輩大有人在），甚至在生活中也是能仕則仕，不能仕就罷，好像也不是特別在意事業上的成功——我認為這十分難得。君不見，為什麼有些人的人生路起起伏伏、不得安寧？是因為你縱然超脫於「利」，還是會拜倒在「名」下——少有例外。而我們看到的孟子，卻總是同一副模樣：不朝秦暮楚，也不助紂為虐，不奴顏婢膝，也不討好諂媚。他謀求的不是個人待遇的好壞，而是社會制度的改良，是天下的「平治」……這當然就是孟子與當時遍布朝野的縱橫家們的根本區別。因此更顯得他豐神異彩。

對照《史記》中對孟子的評價來看就更一致了：「孟軻……所言皆以為迂遠而闊於事情……」。小時候常聽到叔叔伯伯笑我父親「迂闊」，聽得多了，就猜到「迂闊」

的意思就是「不合時宜」。

當然不合時宜——孟子寧願辭別不肯去霸道、行王道的君王，捨棄其賞賜的豐厚俸祿；而出齊入宋，去魯奔梁，奔走其間，席不暇暖，並忍詬納辱，只為了匡扶天下，救民水火。那樣不謀小私而胸懷天下，那般壯志未酬的痴情酸楚，那樣期待君王能一朝想通，改變主意召回自己、採納大言而造福天下百姓的苦心不甘……唉，我們自己是做不到了。

孟子所為，是造福天下百姓，而不是造福天下君王，更不是造福自己。「仁者愛人」，窮則獨善其身，達則兼善天下。

從對孟子的評價，延伸了這個詞語的意義：「迂」，執著，堅持；「闊」，淡漠，遼遠。又倔強又高遠。

符合這樣評價的，足以被稱為「半神」。

想起商鞅見秦孝公，一開始談的也是王道，秦孝公聽不進去。後來商鞅便談霸道，才成功了。商鞅是個聰明人，他是投其所好，君主愛聽什麼說什麼，什麼符合君主的利益說什麼，怎樣為君王計（其實為君王計就等於為自己計）就怎麼說、怎麼做，不成功才怪。

孟子若能以提倡霸道博得國君的喜愛和信任，小試於國政，有所成就，然後再談王道，相信效果會更好些。但孟子不肯。是他傻，還是我們？

商鞅倒是降格談霸道了，後來事業取得不少成功，為秦王鞏固統治權也做出了貢獻。但他竟也沒有重談王道。是他自己本來就不堅守王道，還是時機尚不成熟？或者他本來就不是真正的崇尚王道？我們無從知曉。

假如有一個百姓，居於兩國之間，一國用的是獎懲制度，出征得勝，很快就會升官發財；另一國用的則是人性的濡染感化和平素的點滴教益……他會更傾向於投奔哪一國呢？哪一國會窮人乍富、嘴臉儼然，哪一國又會一直在那裡悄悄積累、面容沉靜呢？

不知道。

恍然覺得儒家如春，稟天地之生氣；法家如秋，稟天地之殺氣。其實，於國於家，仁慈和威嚴都少不了，各有各的用途和效果吧！

孟子的「不傷根本」

讀《孟子》常常感到羞愧，因為他所在乎的「根本」，常常是我們忽略而忘卻的虛詞。

譬如這一句：「大人者，不失其赤子之心者也。」跟老子說的幾乎同發一心。可見聖人們就算門戶、義理迥異，還是有共同之處，也足見不失赤子之心有多重要。懷著赤子之心，才算是真正活過的人生啊！

我所理解的「赤子」，就是人原本應該有的樣子——孩童的樣子。一直保持孩童的樣子很容易嗎？孩童果真那麼幼稚簡單嗎？才不是。

讓我們細細打量某個小孩子，只看他（她）眼眸，你便知曉真正的、原本的人的清亮澄澈；他（她）餓了就吃，飽了不鬧，寒添衣，熱去裳，需求常常僅限於身體所感，不知道金錢的好與壞，不去想「價值」、「意義」、「人云亦云」乃至「人不為己，天誅地滅」等等；他（她）看見一隻小狗或小蟲也憐惜悲憫，帶回家細心餵養，它死了就嚎啕落淚，挖墳掩埋，時常牽掛、悼念；他（她）愛誰就親吻誰，討厭誰就遠離誰，絕無矯飾和利益上的考慮，除了遵從內心指引，沒有其他罣礙，也沒有索求和回報的心思：他（她）不計較，不算計，不隱藏，不仇視，不紛爭，不作假……直至成人，他（她）才會墮落成我們這副德性。

聖人們追求理想的堅定和堅持是他們赤子之心的表現之一。一個人，要想活得富有激情，就得像孟子那樣，以「直道」養氣——以樸直篤實之道來養天地之間、小我胸懷之內的浩然正氣。道德是天地盛德，至大至剛，居正位，行大道，襟懷浩蕩，光明澄澈，自有昂然之勢，噴薄無礙，是無意也無暇矯揉造作的——一切只為了涵養自我。

有時掩卷想：我會為了心中那似乎迂闊無形的理想，一直堅持下去不放棄嗎？倘若有壓力和誘惑，要怎樣才能盡力朝「赤子」靠攏？「獨善其身」和「兼善天下」，要如何才不致顧此失彼？……做「赤子」，不傷根本，似乎是一個過分詩意的追求。因為要在世間生存，怎麼去追求不在意飽食與否的玄虛理想？因為社會險惡，哪能不學著狡黠自保？因為身處競爭激烈的時代，如何才能安於一隅不被襲擊？「人人為我（為自我）」，哪裡去找「我為人人」？誰又捨得拋棄虛偽？誰敢不承認虛偽簡直成了這世間最真誠的一部分？……這樣的疑問一多，大家便將《孟子》拋到腦後。我們當然也就離「赤子」和做人的根本——藝術的精神、乃至生命的精華和本質——越來越遠，背道而馳。

跟隨吧，盡力地跟隨那些勇敢的先哲們。相信並一直記得，總有一些人哪怕用此身來做交換，也要懷著心中微渺的星光活著。

東坡之迂

——讀書筆記之六：拍案說案

他的文稱「蘇文」，和他的老師歐陽脩一起領導了北宋的古文運動；他的詩稱「蘇詩」，與門生黃庭堅並稱「蘇黃」；他的詞稱「蘇詞」，與辛棄疾並稱「蘇辛」；他擅長書法，熟讀《水滸》的同學不會忘記梁山泊軍師吳用說當時天下書法有「蘇黃米蔡」四大家；他又擅長繪畫，他還在金石研究方面頗有建樹。

他還擅長釀酒、建築、遊獵、醫學、飲食，可以說無一不精。

就連政敵王安石也稱他「不知幾百年方出此等人物」。東坡是無與倫比的，當然排名第一。

眉山蘇家長子的這一生呵，才大則大矣，卻以壯懷激烈驚破起調，以無雨無晴清雋收尾，雖然始終都閃著青銅般的孤獨和尊嚴，但其事蹟總教人瞠目結舌——無論仕途，還是愛情；無論學藝，還是闖禍……他闖的禍可真嚇人，簡直開了中國以詩定罪的先河。從此，直到康熙、雍正、乾隆那時，也沒有放下這把屠刀。這暫且不提。

北宋元豐年間，東坡被貶湖州。被貶的原因是：他不贊成王安石的新法。

其實，他在變法中完全可以見風使舵，或是置身事外，不蹚那個渾水的，還不是照樣領俸祿、享天倫？以今日眼光來看，實在是有點不可理喻：一則神宗皇帝支持王安石變法，反對變法就是反對皇權，就是造反，可謂罪孽深重；二則，王安石原先對東坡有知遇和提攜之恩的——自古以來，對於恩人，只有「滴水之恩，當湧泉相報」，哪能以怨報德、做出讓天下人唾罵的事情？且還是因為不干己事的、國家制度的改革而針鋒相對？這不教人惱怒才怪。況且那次變法，王安石又是皇帝跟前的紅人。但蘇東坡在變幻詭譎的朝堂中始終倔強地堅持自己的方向，不求明哲保身——他跟他詠的梅一樣，打算承擔一冬霜雪——當面表示反對不說，還賦詩譏刺青苗法的流弊：「杖藜裹飯去匆匆，過眼青錢轉手空」，簡直不知死活。

這也就罷了，誰知後來，新法落敗，司馬光當政，他又要替沒有功勞也有苦勞的王安石說好話（不得不插一句：同為文壇巨匠的王安石也是鐵骨錚錚，東坡因「烏臺詩案」被下獄候斬時，滿朝官員除蘇轍之外，再無一人敢為東坡求情，而當時王安石已被罷相，淪為一介草民。可是深知東坡性情的王安石，不顧個人安危，立即以平民身分上疏為東坡開脫），於是再度受到打壓。因此，雖然他惠政良多，但隨著朝中主要勢力的轉變更替，他總是不得要領，只能一路向南，被貶至當時最幽僻遼遠的荒滿之地——儋州。就連他的作品，也被加以毀禁。

要論東坡之迁，哪裡說得完？

因為反對新法遭貶、等待奉調時，東坡循例向宋神宗上表致謝。本是官方文章，但他知道自己被外放，是因為新法的推行者做手腳，因此便按捺不住，在表中寫出了略有隱意的「知其生不逢時，難以追陪新進；查其老不生事，或可牧養小民」一句，以「最近」、「生事」諷刺投機鑽營之人，被御史李定等等早躲在暗處的小人抓住小辮子：這哪裡是謝皇帝您呀，分明是詆毀您不會用人嘛……好在神宗素日喜歡東坡的詩詞，並且還沒有糊塗到完全任人擺布——他說，哪有那麼嚴重？一個詩人，他能對我怎麼樣？

可是，在封建王朝，君王的好惡、臧否，以及人格的健全與殘缺、乃至不小心打個噴嚏，都可能影響一個朝代的走勢。神宗顯然是一株耳根軟的牆頭草。這對那些一肚子壞水的小人來說，不失為一大良機。況且東坡這類人毫不設防，沒也沒有那樣的心機。在上司面前羞於說三道四，凡事求公正、對事不對人。他心境澄明，率真無忌，怎曉得這根本不敵小人在上司耳邊的幾句挑撥。

雖說僥倖沒被處死，然而一場牽連東坡三十九位親友、一百多首詩的大案早已震驚朝野。

總之，朝中小人一口咬定他膽敢譏諷皇上和宰相，罪大惡極，應處極刑。於是神宗便下令，將東坡免職，逮捕下獄，押送京城交御史臺——烏臺審訊。

一時間，輿論譁然！

東坡被押到汴京，關進大獄，審訊隨即進行。最直接的罪證是別人為東坡刻的一部詩集，說他「玩弄朝廷，譏嘲國家大事」，更從他其他的詩文中找出個別句子，斷章取義。如：「讀書萬卷不讀律，致君堯舜知無術」，本來東坡是說自己沒有把書讀通，所以無法幫助皇帝成為像堯、舜那樣的聖人，他卻說他是諷刺皇帝沒能力教導、監督官吏；又如：「東海若知明主意，應教斥鹵變桑田」，說他是指責興修水利的這項措施不對，其實東坡自己在杭州也興修水利工程，怎會認為那是錯的呢？最後，東坡〈詠檜〉詩中有「根到九泉無曲處，世間唯有蟄龍知」的句子；無恥新派和無德文人相互勾結，在神宗面前挑撥道：「陛下飛龍在天，蘇軾以為不知己，反欲求地下蟄龍，不是想造反嗎？」

按照儒家以一貫之的禮教傳統，詩歌具有「風刺」時政的雙重作用；但那時的專制王朝卻不許「刺」。詩人蘇東坡鋃鐺入獄的那一刻，已經被完全剝奪了言論自由，遭到誣陷。

然而，詩人勇敢的心卻沒有被剝奪——他的詩歌在那裡，中正，光明，他的詩歌就像一幅字畫像；然而，正如同沒有一幅自畫像是完全真實的，詩人會透過他的詩歌修正自己的面孔——他從不奢望自己是個完人，他只想做個正常人，一個良知猶在、善念尚存的人。為此，他從來不擔心腦袋會搬家。他無所畏懼。

要說起來，他無可指摘：他在官場樹敵無數，但無深仇大恨；對於幾個幾乎使他半生顛沛流離的「好友」，他終生無半句怨言，還在其遭貶時，或挺身維護，或寫信安慰。因此「幾乎所有政敵都恨不能跟他成為知己」也就不足為奇了，連長官都是既惱其率真性情又愛其傑出才華，不知拿他怎麼辦才好。據史料載，神宗皇帝進膳時喜聽曲怡情（也許有助於消化），歌女每唱鏗鏘激越之詞，「帝必投箸不能食」，撫案嘆息不已。皇后和太監則忙著溫言勸慰，而皇帝多半會環顧左右半晌，凝眉問道：「蘇子瞻到哪裡去了？」

他錯就錯在一刻不歇地追求著「真」：「真」是真理，只服從真理，向真理致敬，為真理而搏鬥；「真」是真情：純真之情，祛除骯髒，祛除虛偽，祛除黑暗，祛除魔鬼……文字能表達真理，也能表達真情。他展現出一名封建時代的知識分子該有的風骨，昂首向天，大聲歌唱人性的堅貞、尊嚴、美好與高貴，並藉此來打擊那些與之相對的力量。

同時，用他自己的話說，在烏臺詩案爆發之前，他過去生活的態度，乃至詩歌主題，也一向是嫉惡如仇、不乏苛刻的——遇有邪惡，東坡便「如蠅在臺，吐之乃已」——這句他對自己的評價，倒讓我們不得不聯想到魯迅說過的關於戰士和蒼蠅的妙論。是的，他是戰士；雖然他也有脆弱的時候，譬如初到黃州，他苦於「自笑平生為口忙，老來事業轉荒唐」，並「明朝酒醒還獨來，雪落紛紛哪忍觸」、「畏人默坐成痴鈍，問舊驚呼半生死」……儘管如此，「有缺點的戰士終究是戰士，完美的蒼蠅也終究不過是蒼蠅」。

就是這位偶爾迷茫，「心似已灰之木」的戰士，被貶至杭州時，在那首給一孔姓朋友的詩裡，他仍流露出對聲勢煊赫的官場的蔑視：「我本麋鹿性，諒非伏轅姿」。不僅如此，他還替監獄裡的犯人悲嘆，替無衣無食的老人哀號：他寫鄉村田園逸興時，起的題目卻是〈吳中田婦嘆〉：「汗流肩赤載入市，價賤乞與如糠粞。賣牛納稅拆屋炊，慮淺不及明年饑」；他歌詠「春入深山處處花」，也敘述農民吃的竹筍沒有鹹味，只因「爾來三月食無鹽」，直指朝廷的專賣壟斷；他寫被徵調的人民苦挖運河以通鹽船，言辭更加鋒芒畢露：「人如鴨與豬，投泥相濺驚」；他嘲諷賦稅沉重：「人間行路難，踏地出賦租」、「而今風物哪堪畫，縣吏催錢夜打門」……詩人的筆端、心頭盡是人間冷暖，一時哪裡列舉得完？

他恨貧富不均，寫大雨成災，以「農夫輟耕女廢筐」與「白衣仙人在高堂」對比；也以「立杖歸來臥斜陽」飽食終日的御馬，與「山西戰馬飢無肉，夜嚼長稭如嚼竹」的戰馬對比；還以「富人事華靡，彩繡光翻座」與「貧者愧不能，微摯出春磨」對比；更以「千人耕種」與「萬人食」；「一年辛苦」與「一春閒」對比……真有雲泥之別，對比鮮明！

他指責積弱無為的朝廷，夢想「致君堯舜」——他渴望：「會挽雕弓如滿月，西北望，射天狼」；他探問：「持節雲中，何日遣馮唐」；他「狷傲」：「誰怕？一蓑煙雨任平生！」……其間，譏諷之苛刻，譴責之劇烈，言詞之尖銳，乃至身心之憤怒都到了極致。

而「禍從口出」、「言多必失」等被世代傳誦的成語，都說明了語言也可能成為人人恐懼的、指向自己的戈矛，招致禍端；白紙黑字更有可能成為證據之一。因此，華人總結出諸如「事不關己、高高掛起」、「無關己事不開口，一問搖頭三不知」、「不求有功，但求無過」，乃至「人不為己，天誅地滅」這樣無恥透頂、放之四海而皆準的「真理」來。

即便這樣，世間也不乏胸無城府、率直純真的「迂人」。

東坡的第三大迂也正在此處。

作為文壇巨擘、著作等身的東坡功績無數，觸處成春——一路遭構陷，卻保有赤子之心：他滅蝗災，修蘇堤，興水利，賑流民，創獄典，傳學問。他寫詩歌，作辭章，能書法，擅丹青，精音律，懂美食……數數看，史上有幾個像東坡那樣純真、可愛、仁慈，並且具有人格魅力的人呢？但純真、可愛、仁慈、魅力這些優美的、柔軟的形容詞，始終不敵邪惡、低賤和粗暴。越是純真、可愛、仁慈、優美的，他們欺壓得越起勁；而正義、溫文、謙謙君子的，我們如林間清風、深谷雲霧的詩人，面對這陌生的惡意，他一定會變得笨拙，甚至有點無措，失去了基本的思辯能力，無法應對。

「世事一場大夢，人生幾度秋涼」，每一個生命生來都是被詛咒的，你之所以是你的緣故只有上帝知道。天賦、處境和偶然造就了生命的方向，東坡也不例外。他被捕進京，一路示眾。在途經太湖和長江時，東坡都想投水自殺，由於看守嚴密而未成。否則，江湖淹沒的，將是一大段璀璨的文明。

因為烏臺詩案，我們的意外損失還有——東坡進京走後，他的妻子王閏之怕再生禍端，將東坡詩文手稿盡數焚毀，因此東坡前期的作品並未傳世。

東坡在不斷地被貶謫的漫漫途中，雖然依舊堅持道德操守，秉持正義之劍，用「不聽」這樣巨大的戈矛，來反擊那打擊他的強大力量；卻漸漸收斂了激越的言詞和控訴，越來越轉向大自然、轉向人生體悟的柔情馥郁、香氣芬芳的輕唱和低語。至於晚年謫居惠州、儋州，他淡泊曠達的心境就更加顯露無遺，一承黃州時期作品的風格：收斂平生心，我運物自閒。從具體的政治憂患，徹底轉向了寬廣的人生；從少年般的無端喟嘆，漸次轉向了中年的睿智和老年的曠達——漸老漸熟，乃造平淡——那其實是一種光輝澄澈、親切寬容的和諧：溫煦而成熟，洞徹而深入，使得萬物都相互影響，更有餘裕開拓胸襟。

在瞭望大地時，他不再執著於「奮力有當時志世」，而是「小舟從此逝，江海寄餘生」；在下棋時，他了悟：「著時自有輸贏，著了並無一物」；在山水間，他豁然：「夜涼吹笛千山月，路暗迷人百種花。棋罷不知人換世，酒闌無耐客思家」。所以東坡遊赤壁，與水月相意會，發出了「天地之間，物各有主，苟非吾之所有，雖一毫而莫取」的喟嘆。他遺世獨行，願做孤鴻：「揀盡寒枝不肯棲，寂寞沙洲冷」；他幸遇知音，攜愛妾朝雲，淺吟低唱：「枝上柳綿吹又少，天涯何處無芳草」。總之，東坡烏臺一去，好夢驚回，遂逍遙無任，吟嘯徐行，從正氣磅礴、豪放奔騰，大水破堤一瀉千里，轉向空靈清雋、素樸平實，如深柳白梨般香遠益清。

隨後，他就被那些顛沛流離摧殘得蒼老孱弱，都要拿不起筆了。他出獄以後，被降職為黃州團練副使。這個職位相當低微，而經此一獄的他已心灰意懶，公務之餘便率全家老小開墾城東的一塊坡地，種田補貼家用以自救。「東坡居士」的別號便是他在這時起的。曾一度沒有俸銀，只有配給的一點粗糧，聊勝於無。在黃州，他在寫給朋友章惇的信中道：「現寓僧舍，布衣蔬飲，隨僧一餐，差為簡便。以此畏其到也。窮達得喪粗了其理，但廩祿相絕，恐年載間，遂有饑寒之擾。然俗所謂水到渠成，至時亦必自有處置，安能預為之愁煎乎？初到一見太守。自余杜門不出，閒居未免看書，唯佛經以遣日，不復近筆硯矣。」我們可以看到在表層意義上東坡是被貶黜黃州、惠州、儋州和遇赦北返、客死異鄉，但他的貶謫生活與其他百無聊賴的富貴閒人又不一樣——他絲毫沒有失意的悵惘騷怨，而「寓僧舍」、「隨僧餐」、「唯佛經以遣日」……在起居生活上已漸趨佛道——要知道東坡年輕時是最反對佛道的。

好在，詩心與佛心原本也並不多遠。

男孩項羽

——讀書筆記之七：《史記》小記

比起心眼多的莽漢劉邦，我更喜歡大男孩項羽。這個雖然身處眾人之上、卻注定最終歸於寂寞的大男孩。

我心中的項羽應該屬於溫文爾雅那一派——也許正史和野史裡的他未必有那樣的樣貌和性格。他雖出身於「世世為楚將」的貴族世家，卻性格叛逆，完全沒有廟堂氣、迂腐氣乃至霸王氣（虧得人們叫了他幾千年的「霸王」），雖自幼不愛讀書，喜舞槍弄棒，但畢竟出身尊貴，舉手投足間的風采仍是強過猥瑣狡詐、滿嘴沒一句實話，草莽出身的流氓劉邦百倍。何況，當時項梁仍在，萬事都用不著他這個晚輩操心勞神。雖然上過幾次戰場，也都順順利利沒多少波折，以至於垓下之戰前的他，也不過是一個未經風雨和磨難、武藝高強且又驕傲不群的貴公子罷了。他像是一把寶刀，安安穩穩地睡在鞘內，只要不被拔出，就永遠不會傷人、不會有殺氣。他的對手其實都是些不可靠的傢伙：屠狗的、賣布的、管牢房的、幫別人哭喪的、好耍嘴皮子的，還有那個鑽人跨下的……更要命的，還有那個為了自己活命而把自家兒女幾次推下車來的劉邦。

項羽天真浪漫如孩子一般。做到「像孩子一樣」可不是一件容易的事，需求有一顆極其澄澈而深刻的心。只有那些真正高貴的人才當得起「孩子一樣」這四個字。他不懂得人心隔肚皮，還有點傻，有點笨——劉邦一句「小人挑撥離間」的話就能夠把他的絕密情報搞到手：陳平一句「不是亞父的使者，是項王的」，就讓項羽跟范增的關係疏遠、破裂了。此前，楚漢相爭，可以說項羽百戰百勝，劉邦百戰百敗。可他憐愛眾生，乃至敵人。這是不是一個了不起的德行？

在愛情方面項羽也是性情中人，存純稚，絕不見異思遷，和他的愛人心心相印地，死也引頸相迎。兩千年過去，那個被喚作「虞姬」的幸運女孩，跟她的愛人有一樣的性情、愛好，彼此情投意合，默契如同一人，且柔且剛；柔則倩舞翩躚（為了愛人）、剛則橫刀自刎（同樣為了愛人）。儘管「粉絲」如雲，但他深愛的只有這個女孩，並且在生死攸關的時刻，為了女孩的命運而垂頭喪氣，淚流滿面。他是如此天真爛漫，與叫嚷著「只要擁有天下，貴為皇上，還會缺少女人嗎」的劉邦完全不同。單純可人的項羽就是這麼傻傻地相信：任憑弱水三千，我只取一瓢飲。可愛得令人嘆息。

項羽仁厚寬宥，詩人氣質與理想主義兼有。日常軍旅生活中「恭敬慈愛，言語嘔嘔，人有疾病，涕泣分食飲（《史記．淮陰侯列傳》）」，分明是個心腸細膩的性情中人。他從來不會嫁禍於人，推卸責任：他沒有責備過丟失城池的曹咎，沒有指責過打了敗仗的鐘離昧，甚至沒有咒罵關鍵時刻倒戈叛變的英布。坦蕩磊落，一生從不玩弄心計，只知道醒來就提劍在手問「天下誰是英雄」，還時不時哄弟兄們開心。榮陽之戰項羽對劉邦就說過這麼一番慷慨激昂的話：「天下紛紛亂亂好幾年，正是因為我們兩人的緣故。我希望跟漢王單獨挑戰，決一雌雄，不要再讓百姓白白受苦。」項羽說這話是有點白痴，但真是痴得可愛。烏江岸邊，二十八騎的東城決戰，盡顯英雄英氣：他斬將，刈旗，潰圍……當然，還有愛人虞姬與戰場上那片刻的生死纏綿。而待項羽率二十八騎四面出擊，幾進幾出，斬殺敵軍數百，突出重圍，奔至烏江，烏江亭長早備好舟楫，等著助項羽過江，重建大業。而項羽卻從容下馬，套好韁繩，對亭長笑曰：「我哪還有臉過江呢？想當初，江東百姓交與我八千子弟，如今只剩這麼幾個，即使江東父老原諒我、支持我，難道我就不慚愧嗎？」接著，將韁繩交到亭長手上：「這是我多年的老夥伴，送給你吧！」而等到從敵人隊伍中發現叛徒騎兵司馬呂馬童，項羽居然問：「呂將軍一向可好？」然後一句「漢王懸賞千金，要我的首級，這顆頭就送給故人呂馬童你吧！」身中幾十處傷口的項羽大笑之後，便橫劍向頸，自刎而死，浪漫、風雅至極。

數一數，一段短短的《史記．項羽本紀》裡，項羽的天真浪漫比比皆是：見秦始皇巡遊，豪氣干雲地說出「彼可取而代之」；項羽在鴻門宴上因應允項伯之言而「善遇」劉邦，此後范增雖「數目項王」，而項王仍「默然不應」；項羽不會讓自己的手下項替自己而死。他行事一點也不含蓄、一點也不迂迴、一點也不工於心計……他喜怒形於色。他讓對方看他的弱點，他的長處，他的一切。

如此說來，項羽確實天真爛漫，也死於天真爛漫。當然，他還有許多別的缺點，譬如剛愎、暴戾。但我總認為天真爛漫的人往往有真性情。更重要的是，天真爛漫的人即便不是君子，也絕不可能是小人——因為小人總是城府極深的。

況且，有缺點的戰士畢竟是戰士。霸王項羽的精神之高尚，香透竹簡，一直飄到今天。

黃鐘毀棄，瓦釜雷鳴。項羽的手下竟在主將戰死後，搶奪項羽的屍體，瓜分他的四肢，彼此踐踏，竟死掉幾十人。倖存的，便跟舊日的敵人一起，封侯納爵，粗聲吆喝著，分麾下炙，分金斷銀。

唉，但這豈止是項羽一個人的悲哀呢？

為君子謀

——讀書筆記之八：萬事萬物

父親對《周易》的精深研究多少也影響了我——有好老師點撥，我也就大致了解其中的一些義理。

誰能想到，孔子最喜歡的書竟然是這一部。有句老話形容孔子愛看書的程度：「韋編三絕」，就是說孔子喜歡看一本書，看到串竹簡的皮繩斷了三次的程度。誇張吧？這裡說的孔子手上這本書，就是《周易》。

這本天地草創後最先橫空出世、文化圖騰似的大書啊，它闡幽顯徵，被司馬遷認定為群經之首，因為它「究天人之際」。意思是《周易》窮盡了所有天人之間的事情，一切問題都可以在《周易》中找到答案。正所謂「人更三聖，世曆三古」，是經過伏羲、文王、孔子三個聖人的手才寫就的啊，歷經了漫長歲月才完成。想來聖人們隔山、隔水、隔時空，相互應答，如同春時樹間的黃鸝，簡直浪漫至極。古人的智慧真是不得了。

他們的思想如同風在光線中一樣自由穿梭、飄動，跋涉萬里；又像愛人的手一樣輕掠過來，把暖意和教益送達我們的心田……你不得不嘆服，先哲們認識和探索生命的方法是如此地幽微玄妙。

是的，司馬遷說得沒錯，在《周易》這面巨大的鏡子面前，一切纖毫畢現。而自古就有「《易》為君子謀，不為小人謀」的說法。有心人測算：在整部經文中，「君子」的概念就出現過二十一次；在整部傳文中，「君子」一詞就出現了一百零四次。這部充滿神祕感、甫一問世便震驚四野的著作，是專為那些有德行的人、立志為人們做點貢獻的人，那些有著最寶貴財產——正直、仁慈和誠信等美好德行的人，提供了一些自我修養的祕訣？這些美好的德行，構成了人的地位和身分，使得人於最初起步時，在根本上就有了區別。

你會發現，很多我們平時熟悉的句子，振聾發聵的話，居然出自《周易》。譬如：「天行健，君子以自強不息」就在〈乾象〉一節裡——猛一聽，還以為是孟子說的呢！因為它的意思是：天道運行剛勁雄健，君子應自覺奮發向上，永不鬆懈。多麼恢弘！《周易》中認為：乾為馬，坤為牛。用馬來象徵天，故，天行健，就不難理解，以駿馬形容自強不息，十分貼切。這麼一句看似簡單的、十個字組成的話，它光照四方。

另外，我更注意從那些幽僻些的章節中，尋一些須來提醒自己。譬如：

《周易．繫辭》句：「立人之道，曰仁曰義。」意思是：如果沒有「仁」和「義」，就無法做人，得人心者得天下，失人心者失天下。「仁義」之理告誡我們要有「良知、良能」，要施仁於民，才有人的資格；人講「義」，才能德明。要有愛人之心，寬人之德，容人之志。仁是心之德，愛之理；義是心之制，事之適，只有實行仁愛，崇尚道德，存了彼此親愛之心，才能創造和諧、推動社會進步。

讀著這樣閃電一樣把黑夜照得通亮的字句，你會覺得，我們與幾千年前的古人仍然同生共死，。這個感覺十分奇妙，簡直稱得上是幸福了。

讀後，更覺得《周易》處處蘊含了誠信之道。譬如：〈中孚〉卦就直接講誠信的。看它的卦爻辭：「初九，虞吉，有它不燕。九二，鳴鶴在陰，其子和之；我有好爵，吾與爾靡之。六四，月幾望，馬匹亡，無咎。九五，有孚攣如，無咎。」由此可以看出，「虞」就是「安」。「有它」就是「有應」，也就是初九和六四正應。但爻辭認為，處於中孚初爻的位置上，守誠信則吉；別有他求則不得安寧。我理解它的意思是：要想被人讚譽和信任，自己首先要耐得住寂寞，踏踏實實地在誠信上下一番工夫，因為誠信不是靠取巧所能得到的。要想取得別人的信任，不能靠算計，不能靠投機，不能靠討好，不能靠嫉妒和由此引發的、自己也不可遏制的栽贓陷害，不能靠吹牛，也不能靠強迫的手段和喪心病狂的惡行……只能老老實實，靠自己的勤奮行動，靠自己的優秀德行，靠發自內心的「誠」、「信」，如此一來，又怎麼會不被大家讚譽和信任？而如果一個人不講誠信，既得一時之利，也會最終失民心，失掉市場，斷送自己的前途和命運。進一步理解：所有的眾生在天地的眼中，都是平等的，都是他老人家捧在手裡疼的孩子。如果覺得天理「不公」，覺得為什麼現在你啃著麵包，別人卻吃著海鮮大餐之前孩子，先想想你是否和他（她）流過同樣多的汗水，付出同等的辛勞？如果想不通，也行，別想了，埋頭趕路就可以，而這個世界上，還沒有人可以阻擋別人步履堅實的趕路，只有自己阻礙自己——阻礙自己的前程，以及照向自己的陽光。為什麼你不嘗試透過自己的努力，來稍微扭轉一下這樣的「不公」？努力戰勝人性中自我的私欲，舒展胸襟，也是我們修業進德、不斷前行，靠近「聖人」這個大概念和「君子」這個小概念的一個路徑啊！

這通道伸向官場、商場，當然也伸向國際以及文壇。國家與國家之間、你和我之間，不都是這樣？也可以說，國家和國家之間，不正如你和我之間？這道理竟又是「治大國若烹小鮮」一般。人類個體可不就是「小鮮」？萬物造化生滅，世運輪轉，乘虛而來，還虛而去，看起來形狀不同，軀體各異；然而，內容相似，道理也基本一致。

其實呢，社會中的每一個職位、每一個人都理應受到鼓舞，得到不同光彩的榮耀。而一個和諧的社會說到底不過是一個相互制衡的社會，因為不能完全消除生長速度和毒瘤相仿的小人的惡；因此，唯有君子和小人和諧共生，不觸發他們叫做「惡」的那一個機關，才能達成世道圓融。就像武則天洞悉忠奸、又必須把他們通通留在身邊，就像你不可能拔光每一片稻田裡的每一株雜草。而官僚體制下的社會生活是封閉乃至令人窒息的，幾乎無一例外。因此，人與人之間的愛又是相當有限的，在一些層面上也是極其虛偽和狡詐的，帶有苔蘚溼膩的隱蔽性和奇特的骯髒，爭奪、哄搶、混亂、醜陋、衰微、浮躁……這些複雜的東西集合在一塊兒，導致現代社會充滿了仇恨——換個說法，是社會大眾裡的小人對君子們的憤恨。如果局面失控，人心渙散，將直接導致國家自取滅亡。

這樣的憤恨，是功利主義在現代社會的直接展現，是人性之惡一類的表達。一旦我們把握住，便不能輕易放過。

正如孟子所說：「君子之澤，五世而斬。」這裡的「斬」說的就是結束的意思。君子們的盛德也是有定量的。

不仁不義不誠信，君子的恩惠福祿消耗殆盡，當然就是「斬」。不得不警惕在心。

那段水域

——讀書筆記之九：美人美裳

出遊時，看到柏樹種子和各色花瓣被風吹落滿地，無人理會，不免憐惜：記起古人用柏子和花瓣作香料，在香爐裡焚了，一應衣物就都染上了馨香。想來夏秋撿一些它們放在衣櫃裡，那麼，冬天的衣櫃裡便會多上一縷淡淡的芬芳了吧？

這真叫人嚮往。

若還不夠盡興，不妨試著去「穿」上它們——學習那位天下最勇敢爛漫的詩人。他剛離去，又似乎才剛來，在時光的縫隙裡安靜地住下，守護我們最浪漫的節日——「端午」。每一年，他只來一天。

他在我們以外、在我們之上，在河流裡——他自己就是河流，免不了沾上泥，卻稟持著水一般的心腸。他目光清澈，美髯疏朗；一雙寫詩的手，在河畔以蘆葦為筆，書寫充滿革命情感的浪漫主義的囈語和狂想，把那段水域寫得滿滿的，沒有天地。他還擁有一種堅實成熟的力量，酷似月光，在他平靜的臉上河流一樣飛濺著書寫下來，自信、從容、不可抗拒。他為保持他的「皓皓之白」，而不「蒙世之溫蠖」，身披白芷般的衣裳、秋蘭似的佩帶，懷揣含香的志向、哀愁的嘆息，抱了一塊石頭跳入河流中以期洗濯……他是唯一一個敢背對塵土飛揚、粗糙尖銳的世界的人。他讓河流為之心折，使土地失去尊嚴，叫人們掩面落淚。

他在那段水域中站立，已經有一些時日，鬢邊帶了風霜，卻依舊簡樸優雅，歷萬古而不滅。他像汨羅或湘江的神，有著超乎常人的愛的能力，並因這份愛而生出豪勇，彷彿力能拔山。

他蒼茫而去，無序而來，為江山解夢，替眾生問天，長歌當哭，精神潔白：「長太息以掩涕兮，哀民生之多艱。余雖好脩姱以鞿羈兮，謇朝誶而夕替。既替余以蕙纕兮，又申之以攬茝。亦余心之所善兮，雖九死其猶未悔……」，「時曖曖其將罷兮，結幽蘭而延佇。世溷濁而不分兮，好蔽美而嫉妒……」他又是個多麼誠實、天真的人——他沒有把自己裝扮成聖人或完人，也有猶豫、徬徨、軟弱、恐懼的時候——他因此更真實，也更可愛。面對黃鐘毀棄，瓦釜雷鳴，他也曾想到退卻，小聲咕噥：我是不是走錯路了呢？好在迷路得還不算太遠，是不是應該踏上原來的道路？我走在這長滿蘭蕙的水濱，我奔向那高高的山脊，到那兒去停留……既然我進言不聽反而獲罪，倒不如退居草野，把我的馬車趕回來吧，把馬的轡繩解了，讓牠逍遙去吧，我也要回去整理我的舊衣裳了……縱然不去屈理而從情，他卻能蹈虛守靜，安心自保。

然而，到底抵禦不了「製芰荷以為衣兮，集芙蓉以為裳」的誘惑，他終於衝破自己的優柔躊躇，而大聲呼喊：「不吾知其亦已兮，苟余情其信芳。高余冠之岌岌兮，長余佩之陸離。芳與澤其雜糅兮，唯昭質其猶未虧。忽反顧以遊目兮，將往觀乎四荒。佩繽紛其繁飾兮，芳菲菲其彌章。民生各有所樂兮，余獨好脩以為常。雖體解吾猶未變兮，豈余心之可懲……」不妥協不放棄，我還是保持我的高潔，縱然被誤解，我的內心依然無所畏懼。這是一種不自欺的思想。「忽反顧以遊目兮，將往觀乎四荒……」，自己將以靈魂出竅的形式遨遊四方，尋求「美人」……他一路吟唱，無論如何，他的內心始終噴薄著著高遠的情志之香。

在〈涉江〉裡他說：「余幼好此奇服兮，年既老而不衰。帶長鋏之陸離兮，冠切雲之崔嵬。」〈離騷〉裡他更清明如鏡。照出自己：「高余冠之岌岌兮，長余佩之陸離」，「佩繽紛其繁飾兮，芳菲菲其彌章」，而〈思美人〉時，他進一步闡釋了華美的儀表與純正的心靈、內外統一的美好：「情與質信可保兮，羌居蔽而聞章」，於〈橘頌〉中，他還把兩種美的結合概括為四個字：「精色內白」。是的，他終生精色內白，美如日月，光明天下。

他非但愛著最美麗的、夢幻的、綴有香草的衣裳，行走歌唱著，還「朝飲木蘭之墜露兮，夕餐秋菊之落英」，他離不開她們，像離不開愛人。同時，他對各種藝術的美，也像懂香、尋香的蜂一般，以精純潔淨的心欣然接受，而不是以狹隘的功利得失加以否定。因此，他成了最美的「美」，成了「美」的最後堅持——仔細品味〈九歌〉、〈招魂〉，綺麗的鋪陳中雜糅了安詳情感，襯出疏梅薄雪的品格，滿溢著音樂歌舞帶來的熾烈感染力和由此引發的滔天感動，有歡喜，也有愛慕，自然還少不了憂傷——一個真正的詩人，他怎會不憂傷？

他心香盈房。所以，與他同時代的美男子宋玉這類人到處都是，他卻遺世獨立。「羌聲色兮娛人，觀者憺兮忘歸」，他是那麼喜歡香草，因此竟廢絕吟詠，花費時日，親自開闢了好大一個園子（「余既滋蘭之九畹兮，又樹蕙之百畝」），日日廝磨。也就不必探究，為什麼他的詩篇，那麼喜歡大量鋪陳華美旖旎、色澤豔麗的辭藻了——要怎樣才能忍住不鋪陳？他被美好箝制，不能自拔。

也因此，一個一輩子喜歡香草和美麗衣裳的人，他孩子氣、羅曼蒂克得無可救藥，就不足為奇了。他讚美自我的人格，率性任情，中正無邪（他說得沒錯）；他詠唱水神的戀愛，熱情四溢，柔情萬千（他本就溫柔）；他頌揚烈士的犧牲，激越慷慨，沉雄大氣……。

我一直熱愛《詩經》，把它當成我的枕邊書，於是讀《楚辭》時便常常比較——以前嫌《楚辭》過於華麗，現在不了——不是它太華麗，是當時的自己太傻。一寸一寸摩挲，才驚覺，較之《詩經》總體上內斂克制、溫和蘊藉的情感表達，《楚辭》像一個嫻靜女子於半夢半醒間翻身，不經意的露出驚人的窈窕美豔，「嘩」地一下，絢爛了傳統詩歌。不難看出，他在一定程度上讓情感恣意揮灑，並打破了以四言為主的體制，句式長短參差；內容生氣勃勃，奔騰無任；氣勢神采飛揚。他多情，他熱愛美、正義、真理。同時，他又俯身借用了《詩經》的「比」和「興」，賦予草木、魚蟲、鳥獸、雲霓等種種自然中的優美事物以人的意志和生命，增強了詩歌的美感。好似一本散佚多年的古琴樂譜，經他挑選過，於午夜十分叮咚奏出，動聽而深沉。青山碧水，花朵盛開……他當然就是其間一株最美不過的香草，滿口唱著：貪圖利祿的小人本來就善於投機取巧，方圓和規矩他們可以全部拋棄。他們追隨邪惡，背棄法度，競相以苟且求存作為處世準則……我憂鬱煩悶，悵然失意，我困頓潦倒在這善惡顛倒的時代！我寧願暴死而屍漂江河，也絕不和他們同流合汙，沆瀣一氣。那鳳鳥怎麼能和家雀合群？自古以來本就這樣涇渭分明。哪有圓孔可以安上方柄？哪有異路人能攜手同行？……

他愛得熾烈，柔情馥郁；他衣袂翩然，任憑風從各個方向吹向他，都根鬚堅定，不肯移動半步。他生長在那片名字叫《楚辭》的水域，在離我們最近的地方醒著，清清白白……與我們共同呼吸、愛憎。他沒想與我們作別，我們因此並不感到絕望。

他整個人是飛翔著的。如一段香。

家在別處

——讀書筆記之十：流浪流觴

李時珍竟是如此不解風情的一個人：他把所有的植物都看成藥，就像把所有曼妙女人都看成粗魯漢子一樣滑稽而可憐。

他看到的植物都是藥材，山是一架架湯鍋銀勺子，雲蒸霞蔚的都是一山山的藥香。

他多麼無趣，又多麼理想主義——一個詩人般的、漫長的、艱難無比的流浪，踏遍群山，每一山都是一程水路，流觴千萬里，卻全為著湊成一篇篇毫不連貫、自說自話的藥理短文。

他是一名純粹的知識分子，又遠不是我們所熟知的知識分子——他的手，粗糙得勝過田裡勞作的農人，在山林伐木的樵夫。他們是有家的，縱使早出晚歸，總歸還是歸的。他呢？一片平原、一片高原地路過，一座山、一座嶽地停留，根本沒想過歸不歸的問題。要是陪他在那裡默默站一會兒，都能被他染成綠色——他是墨綠，最有力量、最深沉的那種綠，綠得太久了的那種綠。

他把找藥錯當成了找太陽。

他一路奔波，奔波成了一個自我成全、獨立存在的靈魂——在彼岸，依舊閃光熠熠。

他一定曾這樣想：世上還有比找藥更神聖的事嗎？沒有找藥這件事，活著還有什麼意思？

他是藥材的知音呢！曼陀羅、九仙子、硃砂根、石楠藤、千年艾、隔山消……那些好聽好看的名字和樣子，把他蠱惑得像一名最痴迷的愛人。他揮一揮衣袖，那些廣袤恣肆的藥香就跟著他走，他真心邀請，那些藥香即刻翩翩起舞……那些絕色紅顏，才不管他十指、兩鬢蒼蒼，又髒又老。

他一刻不停找藥，不顧死活試藥……奔波來去，來不及享受山水之樂。他足跡遍及大江南北，約兩萬餘里的一場長征。那些種田的、捕魚的、狩獵的、採礦的、砍柴的（也許還有打劫的吧？）……無一不是他學習的老師。他們對他也全沒有來自泥土的敵意。他們曉得，他和他們同體。

這是他們之間能給予彼此的、最大的尊重。

只有醫家落到實處，病患才能落到實處。反之亦然。

這個簡單的信念，讓他即便冒著躺到墳墓裡的危險，也去用舌去細細品味一味味陌生的藥——那些紅顏們，有的脾氣火爆，也會因為他們之間暫時的、彼此的不懂得，而在他背後給他一刀。

他因此成為了古來最勇敢的一個男人。我認定他比一切英雄更英雄的理由是：英雄基本只死一次，他卻註定死過許多回。

他一定因為食了某種毒物而嘔吐絞痧梗阻頭痛胸悶氣短……而從粗布的背囊裡摸索出幾粒也許管用也許不管用的解藥——他真的不曉得到底這一次管不管用，而且粒數眼見得越來越少——硬嚼了吞下去，靜等其變，並用禿筆草草——是「草草」，因為當時他被毒侵犯著折磨著難受著——平實忠誠記錄下自己感覺的變化（如果堅持的時間夠長，他還畫下那藥草的模樣）。這變化或許好，或許就糟到眼前黑掉……也許就黑了一陣，醒過來，也許，就眼神更加清亮，或腿上舊疾去了微恙。他因此欣喜若狂。

有過多少眼底的暗如黑夜，就應該有過多少的欣喜若狂——為自己的重生，也為眾生的重生。

必定，許多年來，許多人為此而重生。

儘管沒有勝算，他依然不能放棄。

他當然沒有被他熱愛的森林似的草木結果了性命——在那個盛大到浪費的國度裡，他是王。那些卷鬚、細絲、那些鐘狀葉、傘形花安慰他，那些玫紅、絳紫、粉綠、珠藍……撫摩他。不必多，她們三杯兩盞淡酒，便教他為之深深沉溺。

對於這場初戀般深長純稚的熱愛，他很久無法放棄，就像我們有時無法放棄教人難以自持的閱讀。

其間區別只有：他「很久」，我們「有時」。

即便為此死去，想來他也並無怨懟：既然有一次一次捨生的充足準備；既然我死了，至少留下紀錄，就不會有人再因此而死去。自我與他者之間總有個公平合理的換算。

死去，也是種獲得。

這正是這名不解風情的男人的邏輯和哲學。

不合邏輯的邏輯，不夠聰明的哲學。

他以機械般的節制和清醒，憑意志力和恆心，記載了一千八百九十二種藥物。若再加上他畫的一千一百幅藥草圖，再加上他記的一萬一千個藥方，除以二十七年，再除以十二個月，是多少？從他呱呱墜地開始起，每天平均要有多少次這樣的記載？其中，又有三百七十四種是他新增的藥物，也就是說，這三百七十四種至少都是他親自咬嚼過的——後人大多說他懂藥，不可能每味藥都親自去嘗……也許吧！但是，對於新藥，不去嘗，光靠摸能摸出個什麼來？了解藥性不是寫故事，不能杜撰。

不光不能杜撰，還要足夠細心：光一個感冒，他找到的能用作配藥的就有生石膏、黃耆、蒼朮、貫眾、北柴胡、貝母、藿香、香薷、大青葉、麻黃、燈心草、龍葵、白英、魚腥草……這些筆墨簡潔、樸素優美的漢字，共同譜出屬於植物們悠揚婉約的盛大敘事。

諸如此類的記載，計一百九十萬字，分十六部，合五十二卷，藥理醫案，墳典傳奇，醫文相容，各得其所。除此之外，他還撰下《瀕湖醫案》、《脈訣考證》、《五臟圖論》、《三焦客難》、《命門考》等十部醫學著作。全都經他之手一筆一劃記錄下來，流傳至今，並將繼續傳承下去。

在《本草綱目》那部用生命寫就的著作裡，從男到女，從幼到老，他關懷備至，還虛筆寫實，實筆寫虛，各臻神妙，特異多趣，裡裡外外遍溢新鮮及趣味——單一個葫蘆也有七種不同的動人叫法：「懸瓠、蒲盧、茶酒瓠、藥壺盧、約腹壺、長瓠、苦壺盧」；說到花朵，以史家筆法記生津食譜：「臘梅花味甘、微苦，採花炸熟，水浸淘淨，油鹽調食」，更兼寫美容佳品：「木犀花氣味辛溫無毒，同麻油蒸熟，潤髮及作面脂」，桂花「能養精神，和顏色，久服輕身不老，面生光華」；居然還用五言絕句寫成藥理說明：「七葉一枝花，深山是我家，癰疽如遇我，一似手拈拿。」細細思量，簡直是作者自況。就這樣，每一味藥，都自成一個譜系。

那樣孤寒的苦旅，一旦捱過，還未及回頭，他便累倒在漫天遍地的藥香裡，於深山獨眠，沉沉睡去，彷彿沒有家。

多想伸出手，為他披件可以擋擋夜露的衣裳。

別了沉戈

——讀書筆記之十一：浮世浮萍

這是一本很適合秋天讀的書。這麼說也是體恤閱讀者：秋天讀比較冷靜，不至於像春天，讓人讀得神魂顛倒。

我不想批評《浮生六記》中為人詬病的那些——譬如封建制度，譬如妻子主動為丈夫納妾等等。沒那個權力，也沒那個必要。

只喜愛它的氣息。棉布或豆腐的氣息——既可待客，又適宜家常，妥帖鋪陳、氤氳開來，薰染得我們的生活也變得簡約而豐饒，還可能如新生般重獲青春和熱情。

讀著它，彷彿胸中有無數飛鳥，破籠而出。

是乾隆年間的舊人舊事了，綺思澒豔，浪遊蒼幽，離我有點遠，如大風吹過，可又無端覺得，那些人事還留有餘溫，他們——尤其是那個傳說一樣的芸娘，和她美好的德行，漫漶在我身邊，言笑晏晏。《黃帝內經》的四氣調神大論中在冬季養生中有這樣的論述：使志若伏若匿。就是說像心裡揣著個祕密一樣地竊喜。讀《浮生六記》，就像心裡揣著個祕密一樣的竊喜——芸娘，她是多麼美麗的一個祕密呀！

她簡直是宇宙間不可知的一個神祕天體，星光閃耀。

她有見識：「芸曰：『古文全在識高氣雄，女子學之恐難入彀，唯詩之一道，妾稍有領悟耳。』余曰：『唐以詩取士，而詩之宗匠必推李、杜，卿愛宗何人？』芸發議曰：『杜詩錘煉精純，李詩瀟灑落拓；與其學杜之森嚴，不如學李之活潑。』余曰：『工部為詩家之大成，學者多宗之，卿獨取李，何也？』芸曰：『格律謹嚴，詞旨老當，誠杜所獨擅。但李詩宛如姑射仙子，有一種落花流水之趣，令人可愛。』」至此不由人不想：夫婦而志同，這是多難得的事情。

學問上還是在其次，他們愛人之間濃濃淡淡的情分，才是最吸引目光的。譬如下面這段，不過幾句，平淡若水，竟動人若此：

「芸卸妝尚未臥，高燒銀燭，低垂粉頸，不知覷何書而出神若此，因撫其肩曰：『姊連日辛苦，何猶孜孜不倦耶？』芸忙回首起立曰：『頃正欲臥，開櫥得此書，不覺閱之忘倦。《西廂》之名聞之熟矣，今始得見，真不愧才子之名，但未免形容尖薄耳。』余笑曰：『唯其才子，筆墨方能尖薄。』伴嫗在旁促臥，令其閉門先去。遂與比肩調笑，恍同密友重逢。戲探其懷，亦怦怦作跳，因俯其耳曰：『姊何心春乃爾耶？』芸回眸微笑。便覺一縷情絲搖人魂魄，擁之入帳，不知東方之既白。」

女性的羞澀之美，男性的率真之美，佳人才子唱和之美，結合的歡暢之美，深情的含蓄之美，以及情感的細節之美……都在燦若煙霞、豔而不冶的極美的文字裡面悄然深植了。

另有，兩人在姑蘇城我取軒賞月，不免情思裊裊：「芸曰：『宇宙之大，同此一月，不知今日世間，亦有如我兩人之情興否？』」一對停住的蛺蝶，兩個一時興起的詩人，在那樣美好的夜晚，叫人起了天上人間之嘆。

其實，夫婦和合，不正是零零星星的斯文趣味，散落於日常間？即便相熟，也還深情不減，如沈復所述，纏綿間也似「密友重逢」一樣的，是平實安靜的詩意人生。

記得書裡有這樣一個情節：已是多年的老夫老妻，他們在自家走廊上相遇，卻也忍不住要悄悄執手一握，低語相問，極富溫情和愛意……還有呀，談詩論賦，望月觀燈，同拜天孫，偕游滄浪。議佛手茉莉之「近小人遠君子」，食臭乳腐之「妾作狗久矣」……諸多妙趣，無不曼妙可人，有時使人忍俊不禁。像這般鴻案相莊的絕配伴侶，平凡相守的日子相看不厭，無限甜蜜。兩人「垂釣柳陰深處」，隨意聯吟；有月則就月光對酌，意興歡然。我們都愛的那個靈氣四溢、溫柔賢淑的女子說「他年當與君卜築於此，買繞屋菜園十畝，課僕嫗，植瓜蔬，以供薪水。君畫我繡，以為詩酒之需。布衣菜飯，可樂終身，不必作遠遊計也。」

是啊，得此天緣，還管什麼遠遊不遠遊呢？他（她）在身邊就是勝景無邊。而尋常夫婦間，到底還是平淡如水的多。世人多有誤會，把平淡當平庸……略去欣羨，我們不得不承認，三白夫婦的愛是人間鮮有的、純真的愛，在一起多久，都相看兩不厭。

我們現在能讀到殘本《浮生六記》，應該感謝楊引傳在蘇州冷攤上的一瞥——正是他不經意的一瞥，識得好大一顆「珍珠」，立即拂拭了，攜回，由他和妹夫王韜分別作序、跋。這一瞥，使這塊文學寶貝出土問世，光輝溢彩，溫暖人間。外物入心，實在是非常難的事，天下書又極多，居然小小的、僅三萬字的《浮生六記》就是其中一件！它大不易，我們也大不易呢——得有那水中徒手捉魚的本領，一個不小心，它便溜走。

清末改良派思想家王韜曾肯定《浮生六記》「筆墨之間，纏綿哀感，一往情深」——是的，二十幾歲得到最初的版本時，逐字逐句讀下來，不覺嘆息：一點也不錯，《浮生六記》的確當得起「一往情深」四個字。哪怕書裡沒有別的，只有一個芸娘，它也當得起——它讓人性和愛情有了光輝。

我很珍重這本書，是放在床頭、晚間無事就看了又看的那堆書裡的一分子。雖然它的年代距今似乎說遠不遠、說近不近，但正是這種介於現代與古典之間的連結，其中的內容才應該有著古人跟今人差不多的、最大眾化的值得珍惜的記憶。其實呢，沈復是不見史傳、史詩，不聞其名，卒年模糊無考，且一生平淡無奇，甘做幕僚，也就是師爺，終究也還算不上一個有志之士，循規蹈矩，甚至談不上齊家、治國、平天下的大業。然而他雖處境困頓，卻不以窮達易心，才有了這本書——沈三白的好也許就在於他奉獻這本書給我們。也正因為他留下來的詩文不多，所以，這本《浮生六記》便字字珠璣，彌足珍貴，成為了「孤本」。這本帶著自傳、合傳性質的長篇紀實散文，筆法上不落窠臼，自成一家，完全不似一般文人寫傳記那樣按部就班、從生到死泛泛而述，而是按專題分別記敘。學者甚至以「可與太史公於編年史之外創紀傳體寫歷史一事相媲美」來讚譽。這一讚譽，使這部書在文學史上的地位更有耀眼的意義。當然，現在看來，難免有過譽之嫌，但這不妨礙我們對它的喜愛——我們也偏愛它呢！

人的一生中，可歌可泣的零散故事也是很多的，差別只在於，有的人縝密記錄，有的人掠過無痕。在這本書裡，我們看到的正是離我們最近的一種生活狀態：情感體貼，心靈共勉。《浮生六記》也許正是沈三白因洞悉了世俗生命的悲歡而發出的一聲浩嘆，在他看來，前程和聲名都淡若浮雲。他只安心案頭，為後人留下這部不乖謬、不反諷，當然更不媚俗，老老實實專記瑣事的不朽之作。「岩前倚仗看雲起，松下橫琴待鶴歸」，從三白存世不多的這一對聯中，或可視作他自己為人的真實寫照。就寫作而言，如今我們不乏斑斕影像以及流行美文，但在情感面前，我們尤其欽佩《浮生六記》帶給我們的真實——那清甜滋味，讓人難以忘懷。

這本書也許悖經離道，不合時宜，如三白自況：「世人皆以載道言志為文，我卻獨寫閨房閒情。」是的，問世間情為何物？永恆的話題多少有些形而上的意味，我們本以為無法抓住，可他卻一意孤行為我們記下了可敬可愛的芸娘。這個封建社會內難得的極品女子，她有才有德，安於塵俗又不同凡響……反覆體會芸娘的好：在風雨中為愛人打開家門；在黯淡的燭下靜靜聽愛人絮絮言說；還有，愛人最徬徨脆弱的時候給予他安慰和鼓勵；當然，也不能忽略了她「惜枝憐葉，不忍暢剪」的善良；吃粥記、白字緣裡的幽默……。

《浮生六記》的藝術魅力，歸根究柢，是來自溫柔。

寫望月的溫柔，書裡有幾處上佳文字：如寫中秋之夜遊滄浪亭「走月亮」，那是在他們新婚燕爾時：「老僕前導，過石橋，進門，折東曲徑而入，疊石成山，林木蔥翠。亭在土山之顛，循級至亭心，周望極目可數里，炊煙四起，晚霞燦然」，眼前真是一幅疏淡深遠而意境幽雅的水墨畫了。又如寫蘇州南園菜花地飲酒賞花：「是時風和日麗，遍地黃金，青衫紅袖，越阡度陌，蝶蜂亂飛，令人不飲自醉」……筆筆新鮮，見風骨，顯柔媚。

還有另外雅趣：「是年七夕，芸設香燭瓜果，同拜天孫於我取軒中。余鐫『願生生世世為夫婦』圖章二方，余執朱文，芸執白文，以為往來書信之用。是夜月色頗佳，俯視河中，波光如練，輕羅小扇，並坐水窗，仰見飛雲過天，變態萬狀。芸曰：『宇宙之大，同此一月，不知今日世間，亦有如我兩人之情興否？』余曰：『納涼玩月，到處有之。若品論雲霞，或求之幽閨繡闥，慧心默證者固亦不少。若夫婦同觀，所品論著恐不在此雲霞耳。』未幾，燭燼月沉，撤果歸臥。」

有這樣天性溫厚、懂得賞玩月色的人，那月想來也是滿懷感激的吧？然而，最有意義的，當然還是他於行文中所表達的曠達思想。人言可畏，禮教如山，無論是封建社會的士大夫還是現代人，這種痛飲狂歌似的、堅持自我的價值觀都不得不說極為難能可貴。現實生活中，如果說無原則地順應是一種合理的生存方式，那麼忍氣吞聲便也必定是一種合情的生命態度。然而，三白和芸娘無懼、自我的個性使得他們結婚十二年後因失歡於家長被逐出家門，只好投靠朋友，寄人籬下，以書畫針繡勉強維持生活。可敬的是，他們毫不動搖。要知道，保持本真是需求勇氣的。造物主賜給萬物同樣的結局，人類只不過是在歲月中日益強悍起來。關鍵就在於：人的無所畏懼。

我們都會在生命中面臨到困頓與迷茫，而在體制裡，又到處瀰漫著假道學的庸俗和虛偽；從所謂官階和事業上說，三白是平凡的，但平凡的三白和他不平凡的愛人卻有勇氣和自信擁抱生活，追求愛情，勇於將自己真實的主張傾吐給世界。除了豔羨有那樣的愛人，我們因此更尊重《浮生六記》所貢獻給我們的歷史意義。

如今，我們再難見到這樣玉一樣溫潤而寧靜的文字。我們在不知不覺中似乎丟失了什麼，把很多東西遺失在了十八或十九世紀，或者更遙遠年代的列車上。為什麼現代人得不到這種寧靜？問題在哪裡？如何解決？能否解決？或者，事已至此，我們該如何面對？

而在消費時代，商品的生產者為了迎合消費者的心理需求，紛紛動用他們手中大眾媒體的力量，將一道道虛幻的光環投射在劣質商品上頭，將空虛、淺薄、平庸與粗俗——現代人的生存狀態，亦是現代工業文明的產物——以無恥、豔情、矯情、炫富為特點出售；大眾則透過消費，獲得了他們缺少與渴望的一切刺激。像《浮生六記》這樣，豔也不夠豔、閒也不夠閒的寧靜之作，也就成了我們的遺失之物。加之人們社會地位不穩定，充滿了不安，人人不露真情，多有怨氣。而在文化領域內，大眾普遍缺乏鑑賞力和判斷力，只在乎賣點在哪，造就了聖者不聖、俗者不俗，魚龍混雜的混亂局面。大家有如生於「浮世」這塊砧板上，作為待剖魚肉，身不由己，看上去個個都在哭泣。可三白和芸娘就如活潑魚兒一般，跳出水窪，奔向大海。他們相視而笑，暢遊在真善美之間；他們又都喜歡讀經讀詩，這溫柔的牽引和啟示，更承載他們到那理想之境。

在他們兩雙手共同創建的世界裡，有著更加皎潔的月亮，乾淨爽朗的微風。天藍雲白，海清沙細，這世界只存溫香軟玉和美麗光芒。

那是個最好的世界。

書能香我

——讀書筆記之十二：茵夢因夢

平心而論，她的作品不如她的譯作更好。這裡主要說的是她的譯作《生命之書：三六五日的靜心冥想》。

這部經她手翻譯的克氏哲學代表作《生命之書》，語言寧靜，機鋒從容，簡直含英咀華。可以說，她再創造了一部書。不用說那些描述性靈的文字，單看這描述景物的一段：

「……那個清晨山谷非常寂靜，連貓頭鷹都不再呼喚它的伴侶，它低沉的呵呵梟叫一個小時前才停止。太陽尚未升起，晨星還在閃爍，西方的山丘上方懸掛著一顆孤星，東方的曙光正逐漸擴展。太陽升起時，布滿露珠的岩石閃閃發亮，仙人掌和綠葉變成了銀灰色。大地之美覺醒了……」

即已美不勝收。

還有關於愛、慈悲、聰慧、美和生命的宣敘：

「悲傷的終點是愛。有這種愛的地方，就是慈悲。而那樣的慈悲具有它自己的完整而不可侵害的聰慧。當那樣的聰慧採取行動的時候，那行為永遠是正確的。有那份聰慧的地方，就沒有衝突。你聽過終止恐懼、終止悲傷；你聽過美和愛，可是聽過是一回事，行為又是一回事。你聽過一切真實的、合乎邏輯、合乎情理、理性的東西，但是你並沒有依照這樣的法則行事。你回到家，然後又開始憂心，開始衝突，開始痛苦。因此有人問：這一切的意義何在？聆聽這位演講者說話，但卻沒有實踐他的話，意義是什麼呢？聆聽但卻不實踐，等於是在浪費生命；而生命實在太珍貴了——它是我們唯一的東西。我們也不再與大自然接觸，我們不愛樹，不愛鳥，不愛水，不愛山；我們正在破壞這個地球，我們正在彼此破壞，這些行為都是浪費生命……」

即便一開始懷疑藝人的譯作能有多好，最後也不得不愛上。這是原書的力量？還是因夢的無敵魅力？

它和奧修（Osho）的著作有點像，又絕不相同。讀過後，會覺得一些自己莫名糾結而無法放下的東西都奇蹟般地釋懷，想通：此岸和彼岸的時空距離，其實只是心中的妄念罷了。愛出現了，時空的概念便匿遁無形。而只有當妄念和欲望進入時，時間的空隙才出現。你若認清了這一點，此岸就是彼岸，死亡也並非終點，無欲即無所畏懼，無所憂傷……由此，我們不怕憂傷。

而當掩卷，你想說出它的好，可發現語言根本幫不上你的忙……去看望胡因夢和她牽住衣袖請到的、遠道而來的克里希那穆提（Krishnamurti），和他們靜靜地坐在一起，便不再需求無謂地逼迫自己了，只是看著就好……哪怕不看，只將書靜靜擱在床頭，也是安慰。

如此優質的譯作，忍不住教人回頭找舊年筆記本，看插頁裡舊時影壇仙子「胡茵夢」、而今譯者「胡因夢」的照片。

她那麼美，美得驚人，美得發光。如果你看過她的部落格，看過她的專訪，再看過她的自傳《生命的不可思議》，耐心地讀，便可以漸漸發現這個女人身上超出眾人的真實與乾淨：她的言語和文字竟如出一轍，舒展、透明，不躲閃，不掩蓋，不怯懦，不自抑，像極靜水深流——袒露著自己的一切，剖析著人性的善與惡，毫不矯飾，好像她不屬於這個功利、複雜的人間似的。

布萊德彼特曾說過這樣一句話：「一個人一定要找到一位可以和他（她）的真實自我相處的人。」她找到了——那就是她體內的那個「她」。她或許沒有能和真實的他相遇，但她和真實的自己相互撫摩，也已足夠。

輕風繫不住流雲，流雲卻帶走了歲月。看看她的這一幀近照：中式布衣、一雙球鞋，十分淡定地端坐著，臉龐微微地泛出一點紅，頭髮剪短，很有精神，眼睛清澈如潭，掩藏又流露著她的自省智慧。沒有，她一點妝都沒有上，她不用了。我們老說「腹有詩書氣自華」什麼的，可我們還是時常去逛香水店和時裝街……她超越了我們。

至此，我彷彿才真正意識到，胡因夢已然不是那個張揚乖戾之中摻有一些些落寞的小姐，那個長髮飄飄、水晶鞋花長裙、春光豔好的女孩，長成一位愈深靜愈清朗的中年婦人了，時間只是令她生命逐漸飽滿，如一枚果子，逐漸紅透，卻不見老態，只帶著少許淡淡的來自舊時的暖暖感傷。唉，那樣單薄的青澀之美怎敵得過這馥郁的圓熟之香？而今的她是韜光養晦的、素樸的，靈動和敏感的氣質隱藏在內裡，內心浩瀚卻波瀾不驚。

在一檔電視訪談的節目裡，這個五十五歲的美女一下子變成了一介赤子：笑靨如花，清淨澄明，聰穎而內斂，溫煦而恬然。繁華世情中，她分明是可以入世、有能力承受生活的。然而在溫軟文字和娓娓訴說之外，她又是收放自如、有所保留的。我在想，當時的胡因夢，有沒有酣飲人生甘苦之後的感懷，有沒有眷寵似水年華的心事？若說沒有，為什麼她眉間淺淺的紋理，冷冷的劍光一樣，總是在沉寂的不經意間閃上來？是骨子裡的悟性超拔使然，還是面對大千世界的欲說還休？這誰也不知道，只看得見她恆常的若有若無的一抹笑。

笑不代表什麼，正如哭也不代表什麼。我們只曉得，與李敖那一段驚世駭俗的婚姻時時被提起，像剛結痂又被撕開的傷口——多年以後，仍然能看到他對她窮追不捨的攻擊，而她的高貴在於她對此保持緘默——無論在那段感情裡她是對是錯，或對得多、錯得多，至少後續處理她做對了。而當她遭遇到了生命中最重要的男人——自己獨生女兒的父親時，又以別人婚姻第三者的身分，在四十一歲高齡生下了這個突如其來的小生命。緊跟著，她患上嚴重的產後憂鬱症，還發現了一個巨大的「卵巢畸胎瘤」。產後三年的時間裡，她完全經歷了一個由生到死、又死後重生的涅磐。也許就是這些我們很難想像的磨難，讓她領悟了生命的力量和智慧，才成就了今天我們面前這個流露出孩童一般的笑的出塵女子。

我們是誰？從哪裡來？到哪裡去？我們大部分人的花大多時間在奴役自己的身體，該吃飯的時候不吃，該休息的時候不休息，該上洗手間的時候不上洗手間……幹嘛活成這樣？意義在哪裡？這樣能快樂嗎？能有幸福感嗎？身心都不健康，會有愛嗎？不會有的。不是惶惑就是恐懼。我們把那麼高貴的生命消磨在許多毫無價值的事情上，毫無承擔的誠意和思索的空間，而對於生命未知的惶惑和恐懼無處不在，它的數字跟胖子的體重、老人的年齡一樣，隨著飯量或歲月呈指數型成長，存在於我們的文化中，存在於我們的生活中，存在於我們的制度中，存在於我們自身，它把我們與與真正的生命隔開，我們有多麼不甘，它就有多麼頑韌。饒是如此，我們仍然嚮往與他者聯繫為共同體，因為你我曉得，依靠這個共同體，我們才能消除內心的障礙，在生活中才會感覺更自在，彼此才不再陌生疏離，地球上才不再存在「異鄉人」……就這種惶惑和恐懼，多少先賢做過多少無謂的、值得尊敬的努力啊！

正如數千年來，古今中外的哲學家們都忙著討論同一個命題，始終沒有放棄對人類終極意義的思考，也始終沒有思辯出多少新意。而胡因夢竟蛻下曾經浪漫和性感的「蛹身」，一變而成已然富有禪意、和諧與寂靜的「蝶」：研究慈悲，研究愛，研究禪道，以及生命的大道……儘管這必定無極，而即便曉得它無極卻投身其中義無反顧，是不是更算得上另一種形式的勇士？跟薛西弗斯日復一日推動巨石一般，她藉此獲得力量和不凋謝的美麗。

還記得，年輕時，她以天使般的美貌、風流的感情生活等迷人符號聞名；到老了，她居然又以詩哲般的智慧、嬰兒般的純淨、少女般的心靈優美等樣貌出現……從胡茵夢到胡因夢，從芳華絕代到洗盡鉛華，從風月無邊到雍容入骨……她全無美人凋敝的末世之感，並且飾演什麼角色都仍是最棒的——她洞見一切！

就這樣，胡因夢再一次讓萬丈紅塵中的俗人如你我，忽覺心頭如得明月洗，似乎一時間千年愁，百年恨，皆可化於心；他人譏，汝輩恥，都能付之笑……。

是不是，透過觀察自己、否定自己、清空自己實現靜心、冥想、內省，可以使自己謙卑、慈善、發現真情和愛，那人生不可思議的深度？那意義非凡的境地？是不是那裡蘊含著我們沒有看見的、驚人的美，沒有衝突、痛楚和憂鬱，只有圓滿、完整和徹底的豐足？

是不是，雖然不能徹悟大師的教誨，無法抵達高妙的境界，但可以相信有那樣的聖境存在？是不是成長就能擁有神性？是不是有反思的勇氣和懺悔的力量，現代人就能獲得救贖和嶄新的希望，就能從中獲得拯救我們的精神？……就這樣，她的人和她譯的書一樣，彬彬有禮，從容不迫。卻有能量，有不可言說的祕密，有潛伏的心事，有身心靈全面成長的紀錄和想像，有愛瀰漫裹挾在字裡行間，並四處散逸，幫我們從俗常的勞碌功利中和全部擁抱過來，再一一撇清，讓我們把普通白米飯細細地嚼出糖果的甜味，讓我們懂得：置身於懸崖、絕境，能不放棄，便成就了愛。

早悟蘭因

——讀書筆記之十三：這裡那裡

說了那個從「茵夢」到「因夢」的，又想起這個從「徽音」到「徽因」的。她同樣美得不可方物。

她到底有多美？日益模糊的老照片說明不了什麼，也說不清，似乎怎麼誇張都不過分。

但聽梁思成的第二任妻子林洙憶及第一次見到她時說的評語吧：「我不想用細長的眉毛，大大的眼睛，雙眼皮，長睫毛，高鼻梁，含笑的嘴，瓜子臉……這樣的詞彙來形容她。不能，在我可憐的詞彙中找不出可以形容她的字眼，她給人的是一種完整的美感：是她的神，而不全是貌，是她那雙凝神的眼睛裡深深蘊藏著的美。」

——說實話，看這一段，倒教我覺得雖此林非彼林，兩者有迥然不同的面貌和氣質，但一樣夠好夠優質。倒不得不欣羨梁翁難得的好福氣，也對他產生了一點點的不屑——這不屑多半是心疼她的緣故。

而除了美如天賜，她的聰明才智和光輝四射的才華也是豐沛到無以復加的地步。梁思成說：「林徽因是個很特別的人，她的才華是多方面的。不管是文學、藝術、建築乃至哲學她都有很深的修養。」她的興趣之廣、涉獵之博，簡直讓人瞠目結舌：她竟可以在詩歌、小說、散文、戲劇、繪畫、建築學……幾乎任何領域均有不俗建樹。上帝實在是太偏心了——有人才華不足得吃不飽，有人就富裕得剩下。

她是孤獨的，需求說說話，和同類人說一點關乎藝術和生命的大言。她從小學古詩、習英文，具有紮實的中國古典文學功底，又遍披著中西文化交相映著的霞光，心中總有些繽紛爛漫，似桃花滿天般美好的話值得說。生活這麼瑣碎，生命如此短暫，我們哪能把所有的時間都耗費在沒有什麼意思和意義的事情上？

一杯清茶，些微點心，談文學，說藝術，天南地北，古今中外。在那個方寸之地，她一直是最活躍和周到的人物，讀詩，辯論……無不精闢獨到。來客很雜，除了文學界和建築界的朋友，還有棋友、京劇戲迷和外國友人，一群顯而不仕、潛隱不彰的異人。就這樣，那個客廳嘉客滿座。

來看看她的那些客人吧：哲學家金岳霖、文學家沈從文、詩人徐志摩……還有美國漢學家費正清夫婦！當然還有，著名學者胡適、著名詩人梁宗岱、著名哲學家鄧叔存、著名法學家錢端升、著名社會學家陶孟知、著名作家凌叔華夫婦；率真豪爽的政治學家張奚若、不苟言笑的經濟學家陳岱孫、溫文爾雅的考古學家李濟……如此一來，便可知曉，她不是陸小曼那樣的交際花——當然，陸小曼也不僅僅是交際花。

每到週六，學者們的妻子也往往趕來參加聚會，高潮當然是中午在飯店裡的聚餐，差不多每次她都向大家講一段開心的故事，而故事的主角往往是她自己……那些被複述的美好場面，教人不禁微笑：她的孩子氣並不妨礙她才華橫溢，反之亦然——不由想起，哪一個傑出的人物，不是稟持赤子心腸？

一次，因為一首新詩，她與梁宗岱爭得面紅耳赤，兩人都幾乎離座站了起來，勢同水火。看到這個情形，第一次參加這個沙龍的蕭乾很擔心，緊張得要求沈從文勸架，沈擺擺手說：「在這裡吵，很正常，你不要管他們，讓他們盡興地吵，越熱鬧越好。」爭吵的結果是：梁大詩人哈哈大笑，大家也哈哈大笑，她笑得最響，連腰都直不起來了，像個不諳世事的小女孩。

於此，蕭乾先生在〈才女林徽因〉一文中這樣寫：「聽說徽因得了很嚴重的肺病，還經常得臥床休息。可她哪像個病人，穿了一身騎馬裝……她說起話來，別人幾乎插不上嘴。徽因的健談絕不是結了婚的婦人的那種閒言碎語，而常是有學識，有見地，犀利敏捷的批評……她從不拐彎抹角，模稜兩可……」、「雙眸因為這樣的精神會參而閃閃發光」，這才是她最迷人的那一瞬間。對這一點，想來厚陸薄林派們想來也說不出什麼。

她是如此風流蘊藉，曼妙可愛，不是「美貌」或「多才」幾個字眼便可以道盡的。因此，當那個我一向不喜的矯情徐志摩對髮妻說起「我沒時間了，徽因要回國了」時，我們誰都不懷疑他的誠意。

她並不是神，也跟我們一樣，很多時候無法選擇，無法選擇遇到誰和不遇到誰，無法選擇在某個時候遇到某個人，但是，可以選擇的是，哪些是濃比花蜜，而哪些是淡如白水。儘管她最後選擇的不是徐志摩（她也許清醒地覺得他並不是丈夫的最好選擇吧），可還是在他離去之後，將他所乘的失事飛機的一片殘骸長年放置書桌上，而丈夫梁思成也竟理解地默許——在早年他們一起與朋友們的大合影上，他不顧鏡頭，傻傻地扭頭貪望著愛人的樣子我們記得多麼清楚。

而僅僅是「氣質美如蘭，才華馥比仙」也不能夠彰顯她的華彩——成天被叫成「曠世才女」總有些其它原因，把她與凡俗女子區分出來。

還是說說那個「客廳」。她當然不只是靠女主人的地位和高談闊論便贏得友誼，她有「一副赤熱的心腸（李健吾語）」。她對前番提到的當時初出茅廬的蕭乾先生說的第一句話就是：「你是用感情寫作的，這很難得。」這話給了當時並不得志的他以極大的鼓勵。另外，沈從文是常常到「客廳」去的。他碰到一些不順心的事，也會跑到她那裡去尋求安慰。一天，沈從文差不多是哭著趕到那裡，說他的妻子張兆和到蘇州娘家去了，他每天都寫信給妻子，但得不到諒解。她當然給予最無私而真誠的安慰和鼓勵。

走出「客廳」，我們嗅到的，是一名學者的良知、德行，博大的關懷心和愛。

而相較她天真純稚、嚴格自律、白壁無瑕的修養操守，以及無畏權貴，關心人間的慈柔襟懷，現世的我們更熟悉的是喪盡天良、助紂為虐、落井下石、明哲保身、得過且過等等數不清的惡行。

這個人，她早悟蘭因。

因此，今天的我們哭徽因，有一半在哭自己。

國外部分

所謂伊人

——讀書筆記之一：日本日記

我所在的這個城市的冬天不僅僅是冷，且悶得有些過分，霧嵐乃至塵埃罩得人透不過氣。況且，我所在的這個「城中村」沒有一棵樹。

我沒有一棵樹。

對付冷，通常只需求暖氣就可以；而解悶更尋常的方式則不過是娛樂了，到處充滿了喧鬧和誘惑。娛樂並不愚蠢，也是生之需求；愚蠢的是大多數人扔掉了對娛樂的選擇權，被那些領頭的人牽著走。我們缺少的是對娛樂的品味。在這冷、悶和躲避不及的喧嘩當中，幸好，還有那些架上山河，可供臥遊。我重讀了幾本日本女作家的舊書，與時令的冷、悶和時下的擾攘正好中和，留存了三月和九月天的愜意的溫涼。

這些書孤獨、典麗、精微、安靜，細細看又是霧面的，閃著不張揚的光芒，素樸、忍耐、峻直、柔弱、清新、天真、安詳、芳香……讓人安之若素，卻又不由得使人心潮澎湃，跟著輕輕地應和、微笑。

它們給我的感覺多樣而複雜，清淨無為，又充滿思索：像游離於娛樂和物質的體系之外，又滿紙盡是我們所熟知的那些細節；不以憤怒之音而令人動容，也不以巧笑之容而令人喧譁——它們以沉靜言詞打動己心。

我們現代人中有的失業，有的被減薪，有的離婚，有的無論如何都找不到愛人，有的遭受親人離開的痛楚……以致社會問題、個人情緒問題不斷，好多好多負面情緒匯集。這一切令我們沒有耐性去面對自己，我們感到驚恐，也因為自己的性情變得暴烈乖戾而感到無助。幸好還有如此處子模樣的幾本書，寬厚仁藹，可以略略倚靠。它們為我們拔苦成樂。

而這些一拍便飛起薄塵的舊冊子，沒有不夠沉靜的心是讀不了的。

睡去了的舊冊子記敘的不過是碎片，卻充滿張力——條分縷析，筋骨分明，收斂鋒芒，展現優雅，用「寒塘渡鶴影，冷月葬花魂」來譬喻，似滿貼切。它們不頹廢、迷離、顧影自憐，它們有爆發力，愛著一切，不冗長、不鬱悶、不浮華，比之那些了無新意、泛泛而談的陳腔濫調，那些經歷了曲折愛情和光輝歲月的女子們，它們那麼有限地收斂自己的感覺，像妝容簡化只剩白粉以及幾處修飾的藝伎，有著修長雪白的頸子，端肅簡澈。它們力求冷靜與成熟。這些冰雪聰明的精靈，把一切人生體驗匯聚在一起，卻幽深綿長，溫暖如被（當然也有的寒冽，但那不是另一種的溫暖嗎？），由不得人齒頰不生香。這使得這些文本更像一幅幅簡筆浮世繪，像布滿星辰的天空，在光和影中或緩慢或迅疾地流動，構成璀璨的風景。也許，一個人，饒是什麼都沒有，藉此微末光亮亦可勉強過得人生的漫漫黑夜。

一

和泉式部十九歲時，與長她十七歲的橘道貞結婚，生下獨生女小式部。其後，夫妻反目，和泉式部又和冷泉天皇第三皇子為尊親王相戀，成為世間注目的焦點。可是為尊親王夭逝，年二十六歲。

翌年四月，為尊的弟弟敦道親王向和泉式部求愛，歲末迎她進門，為此，親王的正妃氣憤地跑回娘家。然而，敦道親王也於四年後病歿。

不久，式部又與藤原道長的部下藤原保昌結婚，夫妻間似乎和睦偕老。但在這之前式部遭遇喪女之痛。上天似乎總要特別折磨那些特別敏感多情的心靈，也不曉得是為了什麼。

《和泉式部日記》始於式部收到敦道親王情書，至親王正妃離開宮廷，為期僅十個月。作者在作品中，以第三人稱自稱，試圖寫成「物語（小說）」形式，只是，你我都明瞭，戀愛中的女人往往無法保持冷靜，文中時常出現「自己」，因此被後人歸為日記。她的和歌中有這樣的句子：「朝思暮想，螢光似吾身。魂牽夢縈，點點均吾玉。」那些愛之歡愉和憂傷，有著瓔珞相擊般細碎的典雅，叫人捨不得放手。

像寫詩一樣生活的，我一直喜歡的還有：紫式部和清少納言。

一直覺得，日本平安王朝時期之一大幸事是同時代出了兩位絕世才女：紫式部和清少納言。兩部日本文學的典籍之作《源式物語》和《枕草子》的誕生，在奠定了平安文學的整體成就之餘，加入了一抹女性卓越而幽微的氣息。

小時候本來有點不屑紫式部的為人——從未經歷旖旎戀情的紫式部，因為嫉妒和驕傲，彷彿嘟著嘴似的在日記中生氣地說：「和泉式部這人，私生活雖令人不敢領教，但稍有一點和歌才能。不過，她對別人的和歌評論，完全不正確。雖是那種不需努力便能作出和歌的人，但也不是什麼傑出歌人。」對於清少納言，她也有類似的攻擊。但是……如你所知，她那樣的清苦寒冽的出身和經歷，怕不還是都因了妙玉般齷齪現實和品貌才情的牴牾，乃至晴雯一樣身世身分與心中真我的矛盾？唉，年紀漸長，到後來，竟憐惜她，這個一輩子無比喜歡白居易、還飽讀《蒙求》、《史記》、《文選》、《倭漢朗詠集》、《列子》、《論語》、《述異記》、《杜少陵詩集》、《晉書》、《李嶠詩》、《毛詩》、《白虎通》、《孝經》、《淮南子》、《韓非子》、《遊仙窟》、《劉元叔詩》……才情如大江奔流的女子，她如是寫道：「水面上非常涼爽，水面開遍荷花，蓮葉青青可愛，葉上露珠像寶玉一般閃閃發光。」、「紫夫人是十四日亡故的，葬儀於十五日早晨舉行。不久太陽鮮豔的升入天空，原野上朝露消散的影跡全無，源氏痛感人事無常，正如此露，越發厭世被關起來。」

多麼乾淨又多麼漂亮！像春天裡飛來窗前的第一隻鳥兒，叫醒我的耳朵。也因此，她的《源氏物語》一直是心頭好、枕邊書，隨便哪一頁都染著薄舊暗香。她的才華倒也配得上她的驕傲。

插幾句無關的。我接著紫式部後讀的，是《蜻蛉日記》。世人只知其為藤原道綱之母所作。不是丈夫正室的她始終有著一種對未來不可知的憂慮，那種哀愁成了她生活的全部，以至於面對清風明月、春花秋月她都會生出無限惆悵。再加上丈夫雖然口頭上說著甜言蜜語，而實際上卻在別處尋歡作樂，在無數個漫漫長夜裡，她一片痴心地等待，直到對他的所有怨恨都化作了一筆無奈。年老色衰的她已然無法正視那個還風華正茂的他。

看到後面不免會覺得這些文字有點囉嗦，還有點絮絮叨叨，因為它們無一不是講她如何等待丈夫的到來，如何在失望與怨恨中度過痛苦時光；丈夫在什麼情況下來了，又過了多久音信全無……然而這些絮絮叨叨構成了她生活的全部。一個女子全部的無奈和感傷都在這裡了。

她絕望地愛著。然而絕望地愛也是愛啊！愛情永遠只是生命之小劫——哦不，甚至絕望的愛倒是一種幸運呢！因為接著還有「死別」目光灼灼地盯著等你。曾經有多纏綿就會有多絕望的死別。

二

不得不說清少納言了。

這個跟紫式部一樣熟讀白樂天卻和她不一般見識的女子——唉，其實她們與幾乎同時代的楊貴妃、梅妃的命運沒什麼區別。她們的命運都是滿懷了夢境而與眾不同、不見容於世的才女的命運。

這個執拗地用瑣碎的筆觸寫生活瑣事的女子，用快樂的筆端寫不快樂的生活的女子，她的《枕草子》其實也是一部日記，全靠著人們傳遞才得以流布。她自己都說：「這本隨筆本來只是在家閒居無聊的時候，把自己眼裡看到、心裡想到的事情記錄下來的，並沒有打算要讓什麼人去看……」我手中的它有著明人小品的清雋，配奇異詭譎的封面：書脊和一部分封面被草紙貼著——真的是草紙，粗礪得可以看清紋理。但就是這本包裝粗糙、談天說地、女孩子的日記本，讓世人一讀就是一千多年。她說：其實愛情「並無別事」——我知道，她的意思是說精神之吻如此重要，感官之愛相形之下微不足道。那段原文也有意思，說的是優雅的愛情而今不多見了：「在月光非常明亮的晚上，極其鮮明的紅色的紙上面，只寫道『並無別事』，叫使者送來，放在廊下，映著月光看時，實在覺得很有趣。」

是的，有趣，她說一些極其有趣的廢話：「楝樹的樣子雖然很難看，楝樹的花卻是很有意思的。像是枯槁了似的，開著很別緻的花，而且一定開在端午節前後，這也是很有意思的事。」、「烏鴉都要歸巢去了，三四隻一起，兩三隻一起急匆匆地飛去了……而且更有大雁排成行列飛去，隨後越看去變得越小了……」她還說：「落雪的早晨當然美，就是在遍地鋪滿白霜的早晨，在無雪無霜的凜冽的清晨，也要生起熊熊的炭火。捧手看暖和的火盆穿過廊時，那心情和這寒冷的冬晨是多麼和諧啊！只是到了中午，寒氣漸退，火盆的炭，大多變成了一堆白灰，這未免令人有點掃興了。」自然、隨意，帶著一點任性和牢騷的女孩子氣，正合我此時心境，不免嘆息。

心思細膩、筆觸寧靜若此，無一不是記錄了她一生中最好的時光，不到十年的宮闈生活。而清少納言晚境據說是頗為黯淡的。她出宮後嫁給了攝津守藤原棟世，生有一個女兒，女兒名叫「小馬命婦」，大約也不過是供職宮中的一名小女官吧！這樣也不錯，一向胸襟浩蕩似湘雲的她才不在乎。然而也如湘雲命運，還算情投意合的夫君棟世很快去世了。她重新回到京都來，落魄至此，寄寓在兄長家裡，而後再嫁，再離（《古事談》裡所記其「買駿骨」，似乎就是那時的事）……這個曠達、可愛到可以和前夫橘則光以手足相稱的大才女，終至漸變成一葉飄萍，孤獨一人，生計維艱，削髮為尼，不知所終。她，會不會在窄仄如浮沉扁舟的小床上、在輕輕咳嗽著的夜深時分，忽然夢到少年時期的事情？那些妙筆生花的、「很有意思」的事情？

唉，從古到今，天下才女們總是不如意的多。

這些驚人相似的塵世裡的花朵，是那麼爛漫迫人，沁香可嚼，回味間帶了十分好的清苦之氣，不覺間有了微微的醉意。那些在水一方的女子們，那些略略有了些美好的潔癖，如川端康成所說「連要洗的衣服也都要疊整齊」、「她的腳趾縫大概也是乾淨的」、「宛如透明的蠶蛹把自己裹入潔淨的絲蠶裡去」……這些女子們啊，就像是我的姐妹。

而趣味十足叫人不禁莞爾的，我還喜歡可愛又俏皮的《更級日記》，成熟中透出一絲少女氣息的《紫式部日記》……這些語言或持重安穩，或教人開心。在暗夜裡讀了讓人嘆氣，而感到格外幸福。

當然，還有很多時候，它們或憨態可掬，或節制冷冽，但都帶給人思索的快感，妙處難與君說。

她們的生活與愛（其實，她們的愛就是她們的生活）多麼潔淨。這些寫作的女子其實大都在二十五到三十歲左右罷？而我一直認為，這個年紀的女子的生命才是最芬芳的花朵，因為她剛剛學會盛開。我同時寫四個專欄的那些年裡，讀過作家林清玄〈生命的化妝〉一文，他說到女人化妝有三層。其中第二層的化妝是改變體質，讓一個人改變生活方式，睡眠充足，注意運動和營養，這樣她的皮膚改善、精神充足；第三層的化妝是改變氣質，多讀書、多欣賞藝術、多思考，心地寧靜良善，因為獨特的氣質與修養才是女人永遠美麗、「耐看」的根本所在。因此，讀著這些舊書，時時驚豔便不是偶然了。我覺得，這些書既遠離銅臭脂粉，又美如星夜，集眾多優秀女子的精華於一身，她們以女性特有的方式，或者權利，表達出女性特有的稟賦和氣質。不管她們如何被負棄、離婚、喪夫、失女……這種表達總是迷人的，使她們格外出塵和可人。

當然，最讓我舒適的，是作者們的語氣。她們以女性的角度敘事，並時時注意到讀者的存在。這種敘述也意味著她們願意與人分享身為女性的經驗。在表現自我與表達自我之間，她們不約而同選擇了後者，這樣的表達坦誠、直率、耿介、純潔，如同日月的起和落、風和雨的連綿和收斂，那麼自然、順從，甚至素樸得笨拙。可它偏又散發著天堂和人間的氣息，引人飛升。

星星點燈

——讀書筆記之二：童說童話

時間順流而下到歲末這一節，就像火車在山谷裡穿行，只有當村莊、樹木、河流什麼的出現，我們才會真切地感受到速度——其實，節日也無非是這種存在。

因此，很喜歡聖誕節帶著一身光輝安靜地降臨，讓我們昏昏欲睡的一年能提起精神。它本身就是一個童話。它還是一個特殊的時刻。在這時刻裡我們被牽引，使我們最貼近自己殘缺的能力和無助的靈魂。

而假如我們是上帝，看著這個世界，是不是覺得很有趣？會否思考：人類和動物，到底有多少區別？智慧和禽獸之間，究竟有沒有過渡的物種？在淡藍色星球上的我們，每個人都孤獨著，或驕傲，或謙卑，就像一群犯錯的小孩，被扔到一個房間關起來，而我們卻也漸漸習慣了，以為自己就是這個房間的主人，好奇地不停打量這個房間，在房間內玩耍，偶爾也從窗戶探望……這個世界曾經逝去了多少生命？每個生命都那麼美麗，又留下了什麼？……這些問題時刻糾纏著我們，從來沒有過答案。唉，還是來唱聖誕歌吧，因為生之脆弱，世事炎涼，所以，有節制、有選擇的儀式感於人是必需的——還是天真點好，怎麼過也是一生。

在等待的日子裡，時間綿長得令人生厭，同時又短暫得如鳥兒劃過碧天，而我們隨便一瞥，就可以瞭望到聖誕節的蹤影，並接近了——我們結伴駕南瓜馬車，向灰姑娘的十二點前的光陰飛奔而去，任由路旁的每一枚葉片和花朵歡鬧嘯叫著，湮染我們的胸膛。我們由此感覺到幸福。看呀！一切都是現成的，這世界從不隱瞞我們，它是那樣簡單而純粹。我們的南瓜車，也是明明白白，感激、歡笑地來面對世界。

更叫人振奮的是：這個節日是人人心中都有的，它為每一個人而生：它不存一絲醜陋的驕傲、嫉妒、貪念、苦毒、不誠實和害人害己，它有希望有力量，它告訴人們要彼此相愛，它叮囑人們要虛心、捨己、美善和恩典，它講獲得，也講失去……它不要求人類對它像對師長般景仰，只帶著親友似的默契和安慰。

與其他節日不同的是：它教導人犧牲，為所值得的事物、所愛的人犧牲……你曉得，其他的節日乃至幾乎所有的宗教都忙著在「要」：要平安，要富貴，要官位，要長壽，要愛情，要多子多孫——聖誕節卻要「犧牲」，它自願要犧牲，它的門徒也自願要犧牲——它是個徹頭徹尾的童話！週末去到教堂，虔誠的信徒，帶孩子看熱鬧的閒人，無一不被它聖潔無瑕、使人心安的氛圍所濡染，連母親懷裡不懂言語的稚子都安靜下來……它不高高在上，不假裝太陽，它像父母一般，慈愛，溫暖，滿含著笑意望著你。它常常和墓地連在一起，它讓你知曉：愛原本和你在一起，最終也一樣——它一直都在。它的教義裡有這樣的句子：「玫瑰將幽怨綻放，卻刺痛了愛人的手掌；雪花將苦澀冰凍，甯放逐於徹骨的蒼涼……」簡直詩歌一樣漂亮！

你知道白鬍子，紅襪子，桃心木地板，鋼琴，烈酒，樹幹蛋糕，烤鵝，鹹派，蘋果餡餅，帶著新鮮木香的黃黃綠綠的松樹、柏樹、杉樹、樅樹，彩燭閃爍照亮星空、聖誕頌歌滿城響起……每當拍手和兒子一起大唱聖誕歌時，我都不知道自己到底幾歲。

還有那麼多、那麼多迷人的聖誕故事，它們大抵是美得不像話的童話，布片、棒針、銀毫和墨水瓶也能舞蹈和訴說的童話，叫人聰明、純淨和善良的童話。在那裡，總是有仙女為好人帶來這樣的聖誕節禮物：「白麵包、蘋果和一瓶糖漿，還有一隻金鳥籠，裡面還有一隻小黑鳥」……而那些童話的開頭大抵如此：「這正是冬天。天氣是寒冷的，風是銳利的；但是屋子裡卻是舒適和溫暖的。花兒藏在屋子裡：它藏在地裡和雪下的球根裡。有一天下起雨來。雨滴滲入積雪，透進地裡，接觸到花兒的球根，同時告訴它說，上面有一個光明的世界。不久一絲又細又尖的太陽光穿過積雪，映在花兒的球根上，撫摸了它一下……」

還有，「這是一百多年前的故事。樹林後面大湖旁邊，有一座古老的宅邸。它的周圍有一條深深的壕溝，裡面長滿蘆葦和草。在通往入口的橋邊，有一株古老的柳樹，它的枝條紛披，與蘆葦相接……」

還有，「鄉下真是非常美麗。這正是夏天！小麥是金黃的，燕麥是綠油油的。乾草在綠色的牧場上堆成堆，鸛鳥用它又長又紅的腿子在散著步，囉嗦地講著埃及話。這是它從媽媽那兒學到的一種語言。田野和牧場的周圍有些大森林，森林裡有些很深的池塘。的確，鄉間是非常美麗的，陽光正照著一幢老式房子，它周圍流著幾條很深的小溪。從牆角那兒一直到水裡，全蓋滿了牛蒡的大葉子……」

哦當然還有，「有一個豆莢，裡面有五粒豌豆。它們都是綠油油的，因此它們就以為整個世界都是綠油油的。事實也正是這樣！豆莢在生長，豆粒也在生長。它們按照它們在家裡的地位，坐成一排。太陽把豆莢曬得暖洋洋的；雨把它洗得透明。這裡既溫暖又舒適；白天有光，晚間黑暗……」

在一個寒冷得彷彿只有冬季的國度裡，那位早產的、孱弱的安徒生先生，卻為我們捧出了那麼多春天似的童話。在幾十年的光陰裡，每年聖誕節，他都為我們努力出版一本童話。那些童話具備詩的一切特質和美麗——當然，還有憂傷。它們陪伴我們在浮光掠影的塵世裡，一路長到大，並學會如何微笑著拭去時間殘留在皮膚上的灰塵，用以抵抗成長的陣痛，使我們相信：一切都會隨時間像水一樣流淌過去，我們現在所面臨的任何事情都不一定是最終的結局，而在過程中，我們要做、能做的，只是清醒地記得關於雲朵、光線、田野中的閃電、路邊的野花、廣場的煙火、雨水、雪地、美好、疼痛以及消失等等細節就足夠了。它們讓我們幸福。

在那些美麗得幾乎叫人安眠的童話裡，一律有著尖頂的城堡和神祕的森林，有好心的仙女和難看的巫婆，有幾乎被大雪埋住的小屋和火燒得極旺的壁爐，壁爐架上擺著整齊的粗實的柴薪，有好吃的薑粉和肉桂粉做的小餅，熟透的水果……那些故事就是媽媽坐在搖椅上用柔美的聲音講出來的，而聽故事的小男孩和小女孩都偎在她四周的地毯上，用手支著下巴，聽得出神。凍僵在冰面上的醜小鴨；拿著半截主人的孩子扔掉的鉛筆寫信給爺爺的小男孩；賣火柴的小女孩；雪孩子，野天鵝，小錫兵和拇指姑娘，不倦歌唱的夜鶯和憂傷的王子，和老橡樹的最後一個夢……當然還有，那個有些笨拙執拗的、用一匹馬兒最後換了一袋爛蘋果的可愛老頭；；更可愛的是他的老伴，不計較的性情以及心中純樸的愛情，她說：「今天我非得給你一個吻不可！」說完她就湊到他嘴上印了個響亮的吻……在沙沙地翻動書頁、春蠶安靜的夜裡，在已經比原文遜色了不知多少倍卻依然優美得不像話的譯文裡，在那些快樂中摻進了憂傷的故事裡，在夢一樣的敘述裡，我們和植物、動物們成為兄弟，人人都變成小紅帽，蹦蹦跳跳穿過樹林去看外婆。也許還剛巧遇到冬眠睡醒出得樹洞的小松鼠、肥肥的獾、偷懶的山貓、笨拙的青蛙、聰明的螞蟻……或長尾巴的大灰狼——不怕，有媽媽在，永遠不必慌張。

上帝真的很奇妙，他創造了天性有罪的人，但是上帝也真的很恩典很慈愛，他給了我們愛，給了我們永恆的愛，給了我們童話。昔在，今在，永在的愛與他同在。在這個世界裡，我們找到了童話這個他老人家早已賜下的福分。

當然少不了聖誕卡。記得曾收過最漂亮的聖誕卡是：藍天上，白雲堆裡有七個小天使在吹打著不同的樂器，打鈸的、吹小號的、彈豎琴的、敲鼓的、吹長笛的，還有一個拿指揮棒在指揮！一籃綠色的果子放在腳邊，裡面祝福的話寫的是：「May the joy and peace of Christmas be with you throughout the year……」這樣的節日，比陽光更輕，比花朵更香，比雪地更潔白。

一向不喜歡嚇人的、搞怪的、單薄的外國節日。但這樣一位慈祥的老爺爺出沒各家的，和和氣氣的、宗教一樣聖潔、深邃、厚實，童話一樣乾淨、輕盈、透明的節日，不可思議的節日，想不喜歡都不可能。

聖誕節是原諒的日子，團聚的日子，愛的日子。有聖誕節，就有天空，頭頂就有一顆一顆的星星在閃爍，就不禁覺得自己還在被守望。

等待刀尖

——讀書筆記之三：天才天真

就像每個孩子都認為自己的母親最美麗和智慧一樣，茨維塔耶娃（Marina Tsvetaeva）也這樣認為。她無比崇拜和熱愛自己的母親，說：「有這樣一位母親，我就只能做一件事了：成為一名詩人。」

是的，她這一生，只做了一件事，就是：豪氣地寫作，並成為一顆星星——俄羅斯的白銀時代，以她為代表的一顆星星，一顆永遠憂傷閃爍的詩人之星。讓我們不得不為之著迷地仰望星空，一再尋找。

她不可思議地融靜水深流和烈火焚燒於一身，直到最後。

瑪琳娜·茨維塔耶娃，這顆光彩奪目的星星，她的詩歌彷彿「不合軌道的彗星」劃過俄羅斯文學的星空，當時她只有十八歲。

那時，她已經把自己囚禁在詩歌之中——對於任何一個懷有詩心並秉持詩心忠實寫作的人來說，詩歌不就是一間牢獄？它等待這些甘願接受這牢獄之災的為詩痴狂的人。

然而，對她而言，這災難竟至滅頂，多因她的蓋世才華——越是偉大的才子，他(她)所歷經的苦難、攻擊以及來自自己心靈的折磨也是越深重的。茨維塔耶娃比此前此後絕大多數才子更當得起「偉大的才子」這一稱號。她沒有諾貝爾文學獎或其他獎項的桂冠。

她就是桂冠。

桂冠就是荊冠，誰戴誰痛，幾乎無可避免。這痛更多的是來自自己心靈的折磨——外界投擲來的石子、番茄乃至汽油彈算什麼？去讀茨維塔耶娃，你會時常被她燙得跳了起來——不錯，即便靜水，看著沉默，手伸上去，竟也是燙的，更別說那焚燒的烈火。

她流浪，她的詩歌跟著她流浪——當然，滿溢她詩歌的香氣也跟著她流浪……所以當她說出「我是藝術家——我懂得藝術」時，我讀出的是別樣的心痛——我是如此愛她，以至於愴然而涕下。

這位詩人哪裡有所謂的「成長期」？她也不用後人照循例的思索、沉澱、整理、修訂……那些囉哩囉嗦、亂七八糟的東西，她一提筆就是「繡口一吐，半個盛唐」。她說：「基督和上帝！我盼望著奇蹟／如今，現在，一如既往！／請讓我即可去死／

整個生命只是我的一本書／我愛十字架，愛綢緞，也愛頭盔／我的靈魂呀，瞬息萬變！／你給過我童年，更給過我童話／不如給我一個死——就在十七歲……」這讓我們低下頭來，為我們光潔的面龐而羞愧，但我們的心靈卻因她獲得了巨大的支持而驍勇無畏，不輕易倒下。

一九四一年，女詩人在極端的困境中上吊自殺——她吃不飽，愛情無望，一個孩子過世，另一個瀕死，而在這樣的境遇下，莫斯科的一些作家對她仍然十分冷漠，甚至懷有敵意。回國以後的她沒有住所，一直寄人籬下，她滿懷期待地向蘇聯作家協會的領袖法捷耶夫要求住所，得到的答覆卻是：「一平方公尺也沒有」。她退而求其次，轉而打算在即將開設的作家協會食堂謀求一份洗碗的工作——洗碗工，這對一個詩人來說已經足夠諷刺。然而，這一申請也遭到了法捷耶夫的拒絕——這幾乎成為她自殺的導火線。

她過世後，老房東在收拾她租住小屋的遺物時連連感嘆：「她怎麼連一件像樣的衣服都沒有？」這同樣讓我們羞愧到低下頭去——我們除了滿屋十分像樣的衣服之外，沒有一首像樣的詩歌。

她光華萬丈。

她墳墓的確切位置至今無人知曉。俄羅斯史上最偉大的女詩人，她被歷史的荒草淹沒了。

但是她和里爾克（Rainer Maria Rilke）熱烈的愛和她鮮冽不朽的詩歌一起掙扎著活了下來。兩位偉大詩人的傳奇，萬里飄香。

她愛的是作為詩人的里爾克，而不是作為人的里爾克。作為人的里爾克，指的是那個隱居在瑞士並不斷出版著非凡著作的五十一歲的奧地利男人，他為人們所愛並且屬於許多人；作為詩人的里爾克則指的是里爾克的精神，他是「詩的化身」，是「大自然的一個神奇現象」，是從詩中誕生的物，甚至就是詩本身——他是難以超越的詩歌大師；要超越他，意味著要「超越詩歌本身」。她不理解「自在的肉體」，不承認肉體「有任何的權利」……她因熱愛而熾烈地讚美他。

因此，她絲毫不理會作為人的里爾克，因為她愛的是作為詩人的里爾克，或名為里爾克的詩人。

她從來沒有愛上過任何具體的人。她愛的自然也是靈魂——她愛俄羅斯的靈魂：「你呀，我就是斷了這隻手臂——哪怕是一雙——我也要以嘴為墨寫在斷頭臺上：令我肝腸寸斷的土地我的驕傲啊，我的祖國……」，她愛布洛克（Alexander

Blok）的靈魂，愛羅澤維奇（Konstantyn Rodziewicz）的靈魂，愛巴斯特納克（Boris Pasternak）的靈魂，愛阿赫瑪托娃（Anna Akhmatova）的靈魂……她叫她「繆斯之上的繆斯」……這無私的、博大的胸懷啊，她哪裡曉得，她自己豈不就是那「繆斯之上的繆斯」？或那從天堂被貶斥到大地上受難並拯救人們的聖女？用絢爛詩歌搧動雙翼、俯瞰眾生的女神？

所以，沒有人斥責她或者里爾克先前的、霍亂般蔓延似的愛戀——你知道，那其實不是愛戀。是仁慈，詩歌的仁慈。沒有人斥責，是因為沒有人配這麼做。甚至，沒有人配得上讚美她（他）。

然而在某個時候，他們剛好看到對方（謝天謝地！他們沒錯過彼此！），並有幸抓牢彼此，直到最後一刻也不鬆手。像里爾克描述的：「我們觸摸雙方／用振動的雙翼／用距離觸摸對方的視覺……」

詩歌是他們之間唯一的連繫，最堅強、無羈絆的連繫，像東方的月下老人手中的那條紅線。她的愛情出塵、意外、振奮、超逸地活著，它活在語言裡，活在詩歌裡。

詩歌就是他們展現愛情的唯一方式。

用以形容一般人精神戀愛的詞彙——「柏拉圖戀愛」也不能概括他們的愛情。

它太膚淺了。能概括那無比優美和純潔的愛情的，恐怕只有詩歌了。

而我們曉得，詩歌既是一種不同尋常的體驗方式，又是一種不同尋常的思維和語言方式；但從根本上講，這一切都是同一回事，就是：星星和玫瑰。

而星星和玫瑰一樣高遠、聖潔的，作為一名詩人對另一名詩人的愛，而不是一個女子對一個男子的愛，讓我們曉得：原來愛情還能像那樣！我想里爾克那一刻是被震撼了——正如今天的我們被當時的他們所震撼——這位冠以詩神之名仍不為過的詩人，著實是被這樣一種呼嘯著來到的、以詩的名義所起的愛情震撼了。這無以描摹的愛戀，可以具體到一隻手、一邊的肩膀、一顆心臟、一次呼吸，可以將愛的欲念淨化如斯——簡澈到兩個靈魂緊致無間的結合。

也許，這樣神和詩一樣的化身，也只能是在神與詩的名義下，讓這段愛情點到為止？

他們的命運似乎也在極力證實著這一點：一九二九年八月，茨維塔耶娃和里爾克都開始考慮兩人在春天見面的事情。這真的滿奇妙——他們竟然從未謀面，而愛已燎原。但此時的里爾克已經病入膏肓，茨維塔耶娃也窮困潦倒，口袋裡沒有一分錢，會面因此不斷延期。

不堪病痛折磨的里爾克發給茨維塔耶娃最後一封信，信是以一句長嘆結束的：「春天？這對我來說太遠了。快些吧！快些！……」

他們終究沒能見面。那年年末，里爾克逝世了。茨維塔耶娃為此哭了一整天。夜晚來臨，她寫給里爾克一封悼亡信，那封熱烈的信，我們耳熟能詳。她說：「你先我而去……你預訂了——不是一個房間，不是一幢樓，而是整個風景。我該吻你的唇？鬢角？額頭？親愛的，當然是吻你的雙唇，實實在在地，像吻一個活人。」

這樣不可思議的人和愛情，正如一片熱帶雨林，潮溼，火熱，喧囂，生命力燃燒得劈啪作響，鋪天蓋地的迷幻色彩蠱惑人心。

而一生中，她都在那樣焦灼而憂傷地等待——等待詩歌的降臨，等待靈魂之愛的降臨，等待死亡的降臨，等待——刀尖的降臨。

沒有關係

——讀書筆記之四：愚人梵谷

他說：沒有關係。

他指的是他瘋掉這件事。

他的那句話是：「為了它（藝術），我拿自己的生命去冒險；因為它，我的理智有一半崩潰了。不過，沒有關係，這都沒有關係……」

他一生懷揣太陽似的理想，行走大地——是的，他的畫筆就是他的雙腳。他走過的，全都是飛沙走石的多風地帶。在他步行的時候，他也曾當過畫商、教師、傳教士……但他的一生都應屬於藝術。他透過一幅幅令人感動的作品，不為了向世人說明什麼，他只是想表達他自己……最終，他遠離世俗，住在自己的世界裡，從不停下來休憩，只迷醉於藝術這一件事。沙塵和泥土飛揚起來，骯髒不堪，遮蔽了我們望見他的眼睛。於是，人們開始因這遮蔽而看不清他的面容，而謾說他是「瘋子」。

可我讀他的時候——這個時候，只記起傅柯（Michel Foucault）在他的《瘋癲與文明》序言中援引的杜斯妥也夫斯基（Fyodor Dostoevsky）的一句話：「人們不能透過禁閉自己的鄰人來確認自己神志健全」。

而他們三個，都是我的心頭好。

他們那樣聖靈一般的大師一定不多，但必須要有，正如你我手足一般的知己一定不多、但必須要有一樣。他的價值也不僅僅在於色彩的拿捏、精細的技巧和豐富的用色——儘管他在那些方面已是翹楚。

是的，或許，他真的是個醫學意義上的「瘋子」，可在現實和理想之間，在高貴與平庸之間，在愛情與生活之間，在嶄新與普遍之間，我們不過終生徘徊其中。又何必分得清楚明白？

他們就像真正的陽光。

他可以用這陽光去畫出一幅幅燦爛無比的作品，譬如〈星空〉，卻不去管技法；他先於時代，像通曉能一日千里的魔法，並與少數幾個同路人，如卡夫卡（Franz Kafka）、桑塔格（Susan Sontag），徜徉其中，沉醉不歸——而我們還在蠢笨地爬行，卻以為自己所向披靡……真丟臉。

他著意於真實情感的再現，也就是說，他要表現的是他對事物的感受，而不是他所看到的視覺形象。他把他的作品列為與印象派畫家的作品不同的另一類，他說：「為了更有力地表現自我，我在色彩的運用上更為隨心所欲。」其實，不僅是色彩，連透視、形體和比例也都變了形，以此來表現與世界之間的一種極度痛苦但又非常真實的關係。這是天才們的視角和方式——無視一切規定，隨意變幻，且最重要的——他們為了美，可以不擇手段。而我們愚笨、膚淺。

他執著於他的理想，看似瘋狂，卻是真正的從一而終。他體會並展現了宇宙存在的更高能量形態，這種能量也是他自己的能量。他很幸福。而我們這一群懷疑主義者，表面正常，實則平庸，甚至庸俗。我們往往不知道自己要做什麼，自己喜歡做什麼，只是聽家長的，聽師長的，聽老闆的，在社會中隨波逐流，失去方向、個性、理想、愛情……我們總是把像他一樣的人當成不正常的人去嘲笑、奚落，殊不知自己雖然光榮地隸屬「正常」，但心靈已經淪為奴隸，就這樣過一輩子了……想來不得不臉上羞赧，心下荒涼。

來吧，看看他在拿起畫筆之前做了些什麼？十六歲到二十三歲的年紀，他都在藝術公司裡當畫商，然後就是傳教士。他的生活本過得富足、優渥。他若是樂意，這種富足、優渥的生活還可以繼續下去。他只是選擇了另一條忠實於自己心靈的道路。我們永遠不能說，那些選擇了自己的道路，並堅持走下去的人的人生，是不正常的。因此，我從來沒有認為他選擇的是一條錯誤的人生道路。

他在如地獄一般的地區當傳教士時，奔走於底層民眾中間，卻被認為破壞了教會的形象而被解僱；他把嘴邊僅剩的麵包給那些同樣需求食物的礦工，把身邊幾乎所有的東西都給了礦工，自己卻病倒在床上；他可以承受所有人的指責去照顧一個渾身是病的妓女……

他不會拒絕人們的央求，他慷慨贈送——他的畫屬於繆斯，沒有功利心才可能在世事動盪的日子裡保持靈魂的寧靜，這樣才可能得到繆斯最青眼有加的垂青：〈麥田群鴉〉（*Wheatfield with Crows*）（一八九年七月）是他後期重要的作品，是我自己認為的、他最好的作品。我們在那裡看見了當時依舊的田園，只有他的靈魂俯瞰大地。

〈彈鋼琴的瑪格麗特．嘉舍〉（*Marguerite Gachet at the Piano*）（一八九〇年六月）是他為醫生之女創作的油畫，他們在繪畫過程中默契天然地交流，單純的畫家也因此走進了女孩的夢境。

就像農村的陽光和稻草堆，以及遠處潺潺的流水，在心的畫框上佇立。他的畫作無一例外為歲月鍍上金色，你甚至可以從中嗅到法國鄉間泥土的芬芳和生命純真的熱情。

但他的畫沒有得到當時畫壇（這個名詞的最正確解釋應該是「權威」。「權威」！誤了多少事和國）的賞識，一九世紀的法國無論是鑑賞家還是普通民眾喜好的還是學院派的寫實主義，他的後印象主義風格對他們而言顯然是無法接受的。面對時人的說法，他沒有辯駁，我們只看見了他的微笑。

他像音樂中的賦格曲——曲子中，雙重對立主題的對抗競逐，哀歌中浮現樂歌，樂歌中隱藏哀歌，兩個主題，最終譜出和諧之曲，彼此不可或缺。

當時，他困頓到了連畫畫用的紙張和顏料都成問題的地步，賣不出畫作，幾乎走投無路，但他眼中只有大自然放肆的玄妙和生命喧鬧的盎然。他渴望地說：「我相信終有一天，我有辦法在一家咖啡館辦一次畫展」……可如今，藝術被商人占有，並肆意蹂躪，而如他一般印象派大師的任何一張油畫，拍賣得到的錢卻足以養活整整一代的窮畫家，拍賣槌起起落落中，浮現的都是貪婪的嘴臉，飆升的畫價。而一旦成交，藝術又被鎖入保險箱作為資本，待價而沽（那價格聽上去實在是天文數字）這數字和他本人完全沒有關係。

這是不是藝術家和藝術遭遇的、第二次的悲劇？更不可忍受的悲劇？

那麼，他的清貧是他的幸運？

藝術在今天只剩下價格？

至少，他從沒想過數字的問題，就像後世有些人總想在他的畫作裡找出有關自然科學乃至某個具體公式的影子。沒有，關於數字和公式他什麼都沒想過，他只不過用他的聲音為我們歌唱。

當他——這個沉靜而迷醉的大師，這個熱烈而無助的孩子——當他的作品和愛情、理想、靈魂一同燃燒，向日葵垂下枝葉覆蓋了他的靈柩時；當他的兄弟、知音、恩人、天使——西奧，眼中滿是淚水送他離開時，歷史記錄了一切，也在未來回應大師的先見之明——藝術不是用來獻媚的，它是神聖的。

我們記住了，他曾說：「我的作品就是我的肉體和靈魂，為了它我甘冒失去生命和理智的危險……」

他的遺言是：「痛苦即人生。」

因此，我們說，沒有關係。親愛的，這個世界怎樣都沒有關係，哪怕我們被他們擠到了世界的邊緣，末日的邊緣……但世界終將是我們的，末日是他們的。

請堅信：藝術永遠都在。

八分之七

——讀書筆記之五：獵手獵物

他挾帶鹹鹹的海風離開了好久，可直到如今，他動人的氣息依然如同春天第一片新葉的馨香，飛奔著撲向我們的肺腑。

他不是把自己的創作比做「冰山」嗎？並用「冰山原理」來形象地概括自己的藝術創作風格和技巧，說「我總是試圖根據冰山原理去寫它。關於顯現出來的每一部分，八分之七是在水面以下的」……既如此，我們就一起來看看他水面以下的「八分之七」——我自己感覺，他作品表面的八分之一是獵手，剩下的八分之七，都是獵物。以獵手姿態呈現的獵物本質。

他自己的生命狀態也是：八分之一的獵手，八分之七的獵物。他是「八分之八」的硬漢。一直都是。

《殺人者》（*The Killers*）、《午後之死》（*Death in the Afternoon*）、《戰地鐘聲》（*For Whom the Bell Tolls*）、《危險夏日》（*The Dangerous Summer*）……果然處處讖語！結果是：一九六一年七月二日清晨，他身著睡褲、浴衣，進入地下室，取出槍和一盒

子彈，然後到了門廳。他把兩發子彈裝進了那枝鑲銀的雙筒獵槍，慢慢張開嘴巴，把槍塞進去，輕輕扣動了扳機……硬漢的標準動作。

時至今日，我還是喜歡他那些怪怪的、好的或壞的、可愛的小小習慣：他勤奮，每天清晨六點半即起，聚精會神地站著寫作，一直寫到中午十二點半，通常一次寫作不超過六小時，偶爾延長兩小時；喜歡用鉛筆寫作，便於修改——有人說他寫作時一天用了二十枝鉛筆。他說沒這麼多，寫得最順手時一天只用了七枝鉛筆；在埋頭創作的同時，每年都要讀點莎士比亞的劇作，以及其他著名作家的巨著；此外還精心研究奧地利作曲家莫札特、西班牙油畫家哥雅（Francisco Goya）的作品……他說，他向畫家學到的東西跟向文學家學到的東西一樣多。他十分注意學習音樂作品基調的和諧和旋律的配合，以使他的小說情景交融，韻律優美。還有，他的寫作態度極其嚴肅：每天開始寫作時，先把前一天寫的讀一遍，寫到哪改到哪。全書寫完後從頭到尾改一遍，草稿請人家打字謄錄後改一遍，最後清樣出來再改一遍。他的長篇小說《戰地春夢》初稿寫了六個月，修改又花了五個月，清樣出來後還在改，最後一頁共改了三十九次才滿意；《戰地鐘聲》的創作花了十七個月，完稿後天天都在修改，清樣出來後，又連續修改了九十六個小時，沒有離開房間……這些習慣多麼可愛！

一個以流浪為生活方式、以保衛西班牙共和國為己任並得到銀質勳章的人，一個寫過《聖經》和荷馬史詩一般沉著動人且堅硬無比、永不言敗的《老人與海》的人，他怎麼會以這種極端的方式自殺？多少年來眾說紛紜。可多麼明顯，他自己在辭世前一個月不全說了嗎：「一個人關心的是什麼？身體健康，與朋友同吃同喝，好好工作，在床上享受人生。可我什麼都不感興趣了。」語氣純乎一青春期男孩的無端哀愁。

他曾在為一名少尉上的文學課上如是說：「在寫別人之前，自己要先成為一個善良和有修養的人。」少尉說：「這和寫小說有什麼關係？」他說：「做人至關重要，不論做什麼事，做人永遠是擺在第一位的。」

就這樣，「他渴望做好事，幾乎到了聖潔的程度」，自省、自律到刻薄的地步，而對自己的作品的改法，也是完美主義者的表現吧？當然，他對自己愛人們的無禮苛求也是。他的第一任妻子在與他離婚四十年之後這樣評價他：「他是那麼一種人，男的、女的，孩子和狗，都喜歡他。這可是一件不簡單的事」，他的書迷說：「他單純，不裝模作樣」；再來聽聽他自己的一段話：「一艘船越過世界的盡頭，駛向未知的大海，船頭上懸掛著一面雖然飽經風雨剝蝕卻依舊豔麗無比的旗幟，旗幟上，舞動著雲龍一般的四個字閃閃發光——超越極限！」

他應該曉得，人生來就滿是無奈；無論多傑出的人，他都會變得衰老、孱弱；若是遲鈍到無法工作，無力去愛。這是他的恐懼，也是他的絕望。他的一生不光要求完美，還絕不認輸——無論是釣魚，還是鬥牛；無論是足球，還是文學，乃至拳擊、射擊……

他一生都在做一個鐵鑄的薛西弗斯，個子高高的，英俊，肩膀寬厚，鼓著漂亮的肱二頭肌，竭力地推著那塊巨石。然而，最後他鬆手，被它碾成了肉泥。

樓有多高，陰影就有多深。他的一生傲岸無比，到最後，他受到的美譽和他的痛苦成正比增加：他有皮膚病、酒精中毒、視力衰退、耳力受損，他有糖尿病、肝炎、腎炎、高血壓；他無法正常與朋友常聚吃喝；他失眠；他創作力枯竭了。

創作力枯竭——無法工作，無力去愛，並不可逆轉。這作為一名真正作家和真正男人的絕望之箭，射巨星隕落。他在電話裡向好友傾吐心事：「我整天都站在這張該死的辦公桌前，在這裡站了整整一天，我要做的就是這麼一件事，也許只寫一句，也許更多一點，我自己也說不準；可是，我寫不出來。一點也寫不出來，你曉得的，我不行啦。」

而在最初，以及他最深刻地感動我們的、他的《老人與海》一書中，那位老人溫柔地善待忘年之交、深情地熱愛大海，即使在最艱苦的處境裡，仍與偶在船上落腳的海鳥談話，他甚至憐憫自己的獵物，認為拖著船的大魚很飢餓——他是多麼仁慈啊！他堅信第八十五天能釣到大魚恰恰證明他對「信仰」的虔誠和敬畏；他向上帝、聖母瑪利亞許諾會祈禱而始終未履行，看得出他對自身力量的倚重和自信；面對悲劇般的失敗，他既不抱怨也不沮喪，就連呼呼大睡時夢見的獅子也溫柔得如同貓咪，更是展現了他浩然正大、遼闊無邊的胸懷……他並非只竭盡全力要證明自己的那種人。

老人的內心反映了他乃至我們許多人心裡的矛盾、衝突、猶豫和寂寞……我們終生都在尋求力量和成就，想從這種自我證明與他人的認同中得到滿足與快樂，可是，人是會變的——變老變醜變笨變弱，而生命如此匆促而跌宕，最終我們是否都能像老人一樣筋疲力盡，而依然在最終回到自己簡陋的小屋面對自己安然睡著？平和舒展而微微喜悅？

他從勝利者的筋疲力盡轉身，到了失敗者的外強中乾。他從獵手變成了獵物。

在不甘示弱的心靈背後，我們是渺小的，也是無助的。只有我們自己才是我們的救贖。如果無法面對自己的恐慌——身體、生命、職業、精神——並去發現它背後的意義，和它帶來的種種矛盾、意外和哀愁，那麼必將在自我追尋的過程中迷失，使生命陷於無休止的掙扎和衝突中。這是不夠聰明的。

讀他的作品，就像在讀一個寂寞又頑強、最後不知何去何從的自己，這是一種非常迷惘的狀態，而我們不該只是在自己的意識或思想裡，和任何由意識或思想驅動的行動中尋找答案，因為這一切都會受經驗的限制，而尋求自我表達的欲望是無休止的，生命卻是有限的，這種循環往復是耗浪費時間的，也是異常可惜的。

所以，就像我們逐漸明白：閱讀那些最近出版的速食文字，在今天已成為一件危險的事，因為我們無法確定自己有限的光陰是不是正消耗在一部垃圾上。對於自己陡然老去和紮紮實實的微妙變化的無意義的驚惶、恐慌、痛苦和自我折磨，卻注定是一件差勁的事，因為我們完全確定自己有限的光陰正消耗在一部垃圾上。

請我們——所有的，包括我們寫作的人，試著安靜地接受一切，並面對轉不動腦筋、拿不動筆、筷子、聽不清話，乃至睜不開眼……直面壞的變化，才是唯一正確的路徑。生命本無比孤單，沒有人可以陪伴自己一生，每一個人都是獨自行路——行此岸的路，和上路——上彼岸的路。當我們不再固執，少了苛責強求和灰心失望，而能真實地去體驗自己的變化與其背後蘊藏的無盡的美，並在體驗中解脫，愛會降臨，平靜會降臨，懊惱、不安和恐懼會遁去，生命的意義將有所不同。

他的八分之一不斷地陳述、解釋、告誡和勉勵自己，以「吹牛」、「撒野」、攻擊、戀愛、寫作……的方式自卑著，恐懼著，他的八分之七卻始終反映出一個真相——一種生命的孤獨感，和任何一種形式的徒然的自我逃避行為。

既然說到了他的作品，那麼不妨翻翻：它講述了一個典型的「迷惘的一代」的故事：一對青年男女彼此傾心愛慕卻始終無法走到一起，最後，兩人在漫長的分別和漂泊後終於重逢。在計程車上，即將發動的一剎那，女孩的身體向後一仰，頭靠在了男孩的肩上。這時，她說：「我們要是能在一起該有多好！」男孩像勸解愛人又像自言自語：「這麼想想不也挺好嗎？」

我喜歡自己的這個轉喻。很多時候，很多事情，想想也就已經挺好。我們因此會獲得助力。

我們是自己心靈和能量的擁有者，如果沒有順應命運，沒有從容不迫，那麼，任何意外都將導致悲劇的發生。要記得，在這條忽即逝的歲月之河裡，一切漂流都微不足道。我們的問題不是如何在漩渦或激流裡驚恐、惶惑、傷痛、不安時尋求慰藉，而是如何在大浪襲來之前，在身體或生命變化的第一天開始，就著手重塑一個新的靈魂，去應對一個新的身體和新的生命。面對自己的真相，明白自己真實的存在和需求，如此將不致迷失，看見在一切絕望背後的、仍存在的無盡玄妙和美感，繼續造就潔白而燦爛的生命。

我們那麼喜歡海，就請我們成為海。像赤子一樣心底無私，暢達無礙；像老人一樣鎮定包容，永遠保持海一般的純真和優雅。

我們擁有「八分之八」的世界，富有驚奇和美麗。這是一個值得來的世界。

善惡之花

——讀書筆記之六：塑人塑我

文學究竟是一種什麼樣的事物？竟可以化腐朽為神奇。

往事如風，吹面不寒。讀敬愛的雨果（Victor Hugo）雖然是七、八歲左右，但只讀過《悲慘世界》（*Les Misérables*）等幾部，能記住的，就只有《鐘樓怪人》（*No-*

tre-Dame de Paris）裡美麗的愛絲梅拉達和一個醜到極點的敲鐘人加西莫多，還有那段驚心動魄的情節：從絞刑架上解下來的愛絲梅拉達的屍體，加西莫多找到她之後，靜靜地躺在她身旁。兩年之後，人們發現了兩具緊緊抱在一起的屍骨。試圖分開他們時，屍骨便登時化為塵土……讀來令人害怕。比福爾摩斯的《血字的研究》（*A Study in Scarlet*）插圖都駭人！為此，夏天睡覺都要被子蒙頭悶一身的汗。

年紀漸長後讀雨果，開始懂得反省和觀照，曉得了要人性命和救人性命的，除了愛情，還有人性。而人性中最重要的一部分，就是人的本真所代表的那一部分。

讀到最後，在為了生活蠅營狗苟的時刻，讓人不禁哭泣的卻是《九三年》（*Quatrevingt-treize*），他最後的作品——在他自己的心目中，《九三年》分量很重，他不肯輕易動筆，因而醞釀的時間有十多年之久。在寫作之前，他做了盡可能多的準備工作，了解當時的歷史背景和人物原型。他孤獨地咀嚼一切，恨不得用上了四個胃，為冬季般艱苦的寫作計畫儲備脂肪，積攢熱量。他在致友人的信中為自己的信心不足打氣：「天主會給我生命和力量，完成我的敵人稱之為龐大得出奇的巨大計畫嗎？我確實年邁了一點，難以移動這些大山，更何況這是多麼高聳的大山啊！《九三年》就是這樣一座大山！」

我讀書有癖：書是謹慎、含蓄地寫就的，就謹慎、含蓄地閱讀。反之相反。賓主皆用心，筵宴才完滿。閱讀其實是和作者互動的大事——他（她）用了多少力氣，你也一樣按他（她）所用多少的正比或反比，遞增或遞減。

謝天謝地，大師到底不負我輩深夜苦讀——人性大書《九三年》沒有讓我們失望——儘管而今的我們已經對人性的復甦有些失望了：希望遲遲不來，使人痛苦。然而《九三年》如此貼近人類，即便是比照遙遠如巴黎革命，那樣一個對於我們來說有著如夢裡聽明亮槍聲和雷暴的風聲鶴唳的時代，人和人的希望與失望依然是如此相似，也總需求有光明的存在照徹心靈這三寸柔軟之地。

人性到底是種什麼樣的東西呢？別林斯基（Vissarion Belinsky）說：「我們會成為木匠，會成為鉗工，會成為工廠主，但會不會成為一個人還是個問題。」原來做一個人的標準還是滿高的，而人性要收斂了鋒芒，退守到內心，再透過長時間對人生、生命的反省、革新、揚棄，在浸泡、錘擊、淬煉中才稍有成長或轉化的可能。人性是要一點一滴地塑造的。我們都是塑造自己人性的工匠，我們也都是塑造別人人性的工匠。

譴責戰爭，反對暴力；平等博愛，人性高於一切，並堅持以愛制惡。這是貫徹雨果一生的思想，也是這位藝術「大工匠」的畢生理想和不絕幻想。

在雨果眼裡，戰爭是對人性的無情摧殘，革命是為了解放人性。而人性，就是高於一切的意旨。就是正義，就是真理，就是純潔。在境界開闊深邃的《九三年》中，罪惡的魔鬼朗特納克最後被人性所征服，毅然放棄畢生為之奮鬥的君主王朝，乃至自己的生命，在火中救出了三個孩子。革命首領郭文被這種偉大的人性而撼動，為了保護朗特納克的這種人性而釋放了他。他認為革命的最終目的就是人性，而革命領袖西穆爾登卻不得不對郭文進行審判和實行了絞刑，最後西穆爾登在對郭文實行絞刑的同時，自己也開槍自殺。

這一大段如此駁雜，狂奔而至，讀來卻像抒情詩。由此，還殘存在我們心中的那種光亮，透過它們俯瞰式的觀照又一次地透射出來。

「……侯爵手裡拿著一根粗大的鑰匙，他用一瞥高傲的眼光，使他面前的幾個工兵讓開路來。他一直朝著鐵門走去，在拱門下彎下身子，把鑰匙塞進鎖裡。那鎖軋軋地響了一陣，鐵門打開了，裡面使一個火坑。侯爵走了進去。

他是用堅定的步伐，昂著頭走進去的。

大家目瞪口呆地望著他，都為他捏著一把冷汗。

侯爵剛在火坑裡走了幾步，他後面的地板由於底下被火燒，上面受他身體的重壓，忽然坍塌下去，在他和鐵門之間造成了一個深淵。侯爵頭也不回地繼續前進。他在濃煙中消失了。

……

確實，都得救了，但老人還在裡面。

但誰也沒有想到他，他本人多半也沒有想到自己。

他在窗前呆了幾分鐘，若有所思，彷彿在給大火一點時間來決定去留。接著他便不慌不忙地、慢慢地、高傲地跨過窗欄。他沒有回頭望一望，就挺直身子，背靠著梯級。在前面是深淵，背後是大火的情形下，一聲不響地走下梯子，好像一個威嚴的幽靈。梯上的士兵都趕緊下來，在場的人都不寒而慄，環繞著這個自天而降的老人，產生了一種讓人畏縮地神聖的恐懼。侯爵正莊嚴地走進他眼前的黑暗中。他們在後退，而他卻在靠近。他那大理石一般蒼白的面容上沒有一絲皺紋，幽靈般的眼神裡沒有一絲亮光。人們在黑暗裡驚恐地盯著他。他每走近一步，就似乎又高大一分，梯子在他死亡的腳步下顫抖，發出響聲，彷彿是騎士的石像再次進入墳墓。

當侯爵走下最後一個梯級，踩上地面時，一隻手抓住了他的衣領。他轉過身來。

『我逮捕你。』西穆爾登說。

『我准許你逮捕我。』朗特納克說。」

……

這一切，都是為了什麼？我們原本睡著，卻忽然醒來，雙眼朦朧，貼著書呼吸文字的氣息，心跳砰砰，氣血上湧。

——人性。人性高於一切。人性的種子，就像我們心底埋藏最深的美好希望，無法被權勢財力等等所湮滅。然而深埋於心的種子，要花費我們多少的勇氣和力量才能破土發芽，成長茁壯？

雨果透過寫作建構出他理想的「自由、平等、博愛」的人道主義社會，是「比大自然更偉大的社會」。「再沒有賤民，再沒有奴隸，再沒有苦役犯，再沒有受苦人！我希望人的每一種性情都是文明與進步的象徵。我主張思想上的自由、心靈上的平等、靈魂上的博愛。」

你可以把雨果看作是浪漫主義的領袖——他寫詩哀悼那些在「七月革命」巷戰中犧牲的英雄，在流放期間還一直堅持反抗拿破崙三世……他也贏得了一個作家所能贏得的最大光榮：他逝世時，兩百萬巴黎人民上街參與國葬，盛況空前。他們含淚高呼「雨果萬歲！」而他一騎絕塵，獲得了永恆的安寧。

當然，雨果當然受得起這樣最豐沛的淚水，和最安寧的平靜。他那人本身就是一團火焰，密不透風的激情支持著的、恨不得省略一切細節、直奔人性主題的火焰，可以烤化和席捲一切。他的德行高於他的藝術（儘管他的藝術也已經高到極致），更主要的是他不皺眉、不遁逃，並溫柔處世，友愛天下——對於一名作家和人而言，這可真棒。

至此，不得不提一下夏多布里昂（François-René de Chateaubriand）那個人。他在《墓畔回憶錄》（*Mémoires d'Outre-Tombe*）裡說：「德．勞耐（巴士底監獄典獄長之子）在遭到百般羞辱之後，被從藏身之處拉了出來，然後打死在市政廳的臺階上；巴黎市長福萊塞爾被手槍打碎了腦袋：沒有心肝的傻瓜們覺得如此之美的正是這種景象。」而在一七九二年八月，杜樂麗宮的守衛者，由宮廷任命的國民自衛軍的司令，在經過審問之後，依然在市政廳的臺階上，被槍決了。夏多布里昂用「暴亂」來稱呼革命，他用嘲諷的語言說：「快樂的醉鬼在小酒館裡被宣布為征服者；妓女和無套褲漢開始統治，並且追隨他們。」但他同時又說：「粗暴的憤怒造成廢墟，然而在這憤怒之下隱藏著智慧，他在廢墟中打下新建築的基礎。」

之所以提夏多布里昂，是因為他是雨果的偶像。少年雨果的理想便是：要麼是夏多布里昂，要麼什麼都不是。他的確深刻影響了雨果，使他也同樣憎恨暴力，但顯然，雨果比他的偶像更願意同情「暴民」，這是一個矛盾：不應該有暴力，不應該有斷頭臺，但是又怎能禁止暴力，又怎能不期許這種暴力所奠定下的新建築的地基？

矛盾往往使人看起來虛偽，招來質疑。這簡直是宿命。就有人這樣諷刺夏多布里昂：「如果說這個人在法國這樣有名，那只是因為他在各方面都是法國式虛榮的最典型的化身，這種虛榮不是穿著十八世紀輕佻的服裝，而是換上了浪漫的外衣，用新創的辭藻來加以炫耀；虛偽的深奧，拜占庭式的誇張，感情的賣弄，色彩的變換，文字雕琢，矯揉造作，妄自尊大，總之，無論在形式上或在內容上，都是前所未有的謊言的大雜燴。」

當然，這種語鋒淩厲的批評多少也可以加在雨果的身上。崇高和理想這種事物，從古到今一直是高處不勝寒，更兼古來聖賢皆寂寞，什麼時候存在過共同的意志？誤解和一定程度上的詆毀本來就是人不甚盛美的性情之一種。

人心無限，也只有在用心去品味大師經典的時候，才有可能盡可能地去接近那個無限。

所以，不急，有了心思你慢慢來。只要胸中懷揣信心，就總有光明如晝，等在那頭，「那個無限」那裡。

人一向自然地分為兩類，一類是野滿粗魯的人，一類是人性化的人。可悲的是不少人樂於並只能做前者。這種人據說越來越多了——剛剛我在某網站瞥見一篇文章：「怎樣看清內衣模特兒的身體」，不免作嘔。

我們是不是須像雨果所信仰的那樣，「以愛制惡」——以愛箝制惡，以愛制服惡，或者乾脆說，以愛制愛——以愛複製愛，以愛製造愛，才可以稍微抵達人性的本真？人不能沒有愛，還必須時時感到被愛，被需求，被照顧……如此，才構成愛的本質。擁有了這種意義的愛，一個人就擁有了完整的生命，也賦予生命更崇高的意義。似乎每個可堪稱人的人，在生命過程中都應不遺餘力地創造、尋找這種愛，希冀給予愛……唉，愛的定律原來簡單而又艱難。愛原來是做人的一項義務，是不可或缺的人性。

這也呼應了雨果的另一句名言：「在王權之上，革命之上，人世的一切問題之上，還有人心的無限仁慈。」這人心的無限仁慈蘊藉了無限大的力量。

許多人性的東西就是在極度柔軟、卻有著單調結構的故事中蘊含著，無須閃耀即動人魂魄：也許它看起來不會太完美，人物有點單一、兩極化，甚至情節還似乎有點偏頗和虛假，難免神話，難免「烏托邦」，有時也被人忽視和詬病。但它卻出現得那麼及時和果敢，產生出一種不容置疑的動人事物，伸手過來拉我們一把。尤其是當愛與善、誠實與正義、施予與付出越來越容易變成一種簡單僵化的呆板說教和陳舊的過時笑話時，雨果的故事和獨特的講述方式特別讓人難忘和唏噓了。

雨果作品中的反常之處，也恰恰是最人性之處。他用它們隔絕了我們，也用它們維護著秩序，勾勒出威儀。我們於此已相當陌生。儘管我們不揣愚駑，深情嚮往，但究竟看慣萬千皮相，聽過無數浮誇虛假的言辭，熱情早逝，心懷已冷，認為人間把戲不過是機關算盡，是你死我活，它最終只謀利益，無關道德，更談不到人性。

就這樣，我們的精神谷地以史上最粗糙的形式出現，理想埋在土裡，芬芳無端消失。

於是你我只能回頭讀讀經典，稍稍傾慕一下法國大革命時期的人文精神，來望梅止渴。

當然，我更願意相信：他密不透風的、一切的激情，緣自他誠實和純潔的、辛苦工匠般的勤勞，緣自他充盈熱愛的花朵的、嬰兒一樣的眼睛，光輝斜照，祛除黑暗。

雨果往矣，來者為誰？

詩人或狗

——讀書筆記之七：恥前恥後

前天，莎士比亞卸妝走了；昨天，粉墨登場的卻是柯慈（John Coetzee）；今天，他仍在加演。

悲喜劇、寓言式、魔幻手法、獨白式、自傳體……他之前的每一大劇面貌也都各各不同。

是的，這個把自己的一切作品通通改成劇本的人，輪番為我們上演了一場場好戲：《伊莉莎白．卡斯特洛》（*Elizabeth Costello*）、《聖彼德堡的文豪》（*The Master of Petersburg*）、《等待野滿人》（*Waiting for the Barbarians*）、《青春》（*Youth*）、《恥》（*Disgrace*）……他獲得了全世界文人渴望的獎項，並將花束投擲給我們，成為我們尋覓到心愛者的祝福與恩物。

掌聲如潮。

我們不妨來一起看《恥》這部偉大的小說。

它只有十五、六萬字的篇幅，之所以說它偉大，是因為它類似白描、極具欺騙性的簡單面目下面，藏著的是一顆多思、沉鬱、不知所措的心。

那些臺詞——那樣十分經典、朗朗上口的臺詞在小說裡比比皆是：被侮辱的露西寫給父親盧里一封信，她說出了自己留下的原因：「是的，我正在走的路也許的確是危險叢生，可如果我現在就離開農場，我就是吃了敗仗，就會一輩子品嘗這失敗的滋味。」

忍不住出聲，舌尖上來去，仔細品味，這一句不起眼的句子完全可以和莎翁筆下伊底帕斯、李爾王的臺詞相媲美。以一生的恐懼和恥辱為代價，換取作為一個人的成例。相對於國家榮譽、種族歧視等等龐大的字眼來說，露西的留下是個人的，恥辱的——正因為是個人的，是恥辱的，才是美學的，也才是了不起的——放眼去，但凡有「小我」在、有陰柔氣息在、更或有輓歌氣質在的物質，莫不漫溢詩意。她螳臂擋車。

至此，如此弔詭、貌似荒唐的一個故事就起了荒涼。讓我們不由想到我們個人的恥辱種種：激情的喪失、親人的死亡、生存之重負、責任之辛勞……恥辱直指人心，以銳利角度呈現。

而最錐心的言語出現在關於「狗」這段，是整部小說的象徵：

「這些人物的退出使他充滿絕望，而從更廣的範圍上看，這是一種灰色的、平凡無稽的絕望，像人的一陣頭痛。」

……

「這多讓人丟臉！」他開口說道，「那麼心高氣傲，到頭來卻落到這個地步。」

「不錯，我同意。是很丟臉。但這也許是新的起點。也許這就是我該學著接受的東西。從起點開始，從一無所有開始。不是從『一無所有，但是……』開始，而是真正的一無所有。沒有辦法，沒有武器，沒有財產，沒有權利，沒有尊嚴。」

「像狗一樣。」

「對，像狗一樣。」

……

露西和盧里將像狗一樣活下去，而施暴者像狗一樣將在未來的日子裡繼續發洩「私憤」：

「他們互相鼓勵。也許這就是他們一起做這件事的原因。像一群狗。」

「那第三個呢？那個孩子？」

「他在那裡學習。」

……

這樣的句子，字字血肉飛迸。照這樣子，橫著豎著，斷句斷字，抑揚頓挫……採藥一樣踏遍名字叫做《恥》的青山採去吧，怎麼採、怎麼嗅、怎麼品味感傷的臺詞，莎翁遺風。

而小說還用了大量篇幅描述了主角盧里在一間獸醫院殺狗的細節，同時，露西的農場也經營替人照顧狗的業務。狗是這部小說的一個象徵。當然，人也是。它從頭到尾、循環往復都在討論同一件事：人性。

就柯慈的作品而言，呈現鮮明好看的劇碼，就是最大的重點。

縱然兩個角色都打算像詩一樣、而實則像狗一樣地在生活，在盧里和露西父女之間，卻有一條無法彌合的溝渠，被「此刻」隔開。「溝渠」兩側，盧里生活在文明社會，相信司法等人類法則，他覺得他代表了尊嚴，代表了天性，就連所犯惡行也浪漫美好，以淫蕩追求純潔，把自己看成明月，而詩人拜倫是他的摯愛，他在受辱後詩人般的撐帆逃脫；露西則生活在滿荒，相信嚴酷的叢林法則，將恥辱忍下不提，也算以弱逞強。她覺得她既然無法逃脫，不妨就此順應。盧里將命運歸結於歷史原因，他傷害他人和自己，並竭力反抗由此而生的羞辱；露西則將命運歸結到個人，深刻感受到被傷害的恥辱。盧里選擇逃避現實生活，治療恥辱；露西則寸步不離腳下土地，默默承受恥辱。父女雙方面對恥辱的態度大概是如此，而結局有天壤之別。

有一個細節我十分難忘，並起了聯想：父親盧里對自身感到羞恥，卻一再觸及「刑律」，空虛、詩性地生存，卻跟女學生有不倫的關係——他把強暴本身也算成詩意之一種，矛盾與統一，不斷自我拷問，不能自拔。然而他的尊嚴感是如此之強，愛屋（自己）及烏（狗）：狗死了，為了維持牠們不值一提、若有似無的尊嚴，他還堅持自己親手將它牠們一一送入火化爐，看似完全沒有意義，無人介意，連那已經消失了生命的狗都必定不再知曉，可他卻默默地堅持著……他時時感到恥辱，過多的恥感如山壓下來，砸中他，而他卻像薛西弗斯朝山頂推著巨石一般，為著尊嚴，日夜不停做最無用卻努力的抗爭，為重建對世界的信心而作著無畏和無謂的抗爭……他因為滯留大地，而渴望飛翔，用錯誤的材料製造、安裝錯誤的翅膀，無可避免地陷入自己造就的恥辱之中……他最後驕傲地失敗了。

我們無意且沒有資格譴責他。譴責他就等於譴責我們自己。每個人都是天使、魔鬼的矛盾統一體，以及詩人和狗的。我們被動或主動做著一些失去氣節、我們不齒卻不得不做的事情，不高貴的事情，卑鄙的事情，尾隨而來的光榮或恥辱反覆消長。我們停不住腳步，停不住心。可悲的是，你只要是個人，除了孩童期，在成長中就必定和「人」的本真有所悖離。我們之所以還能稱自己為人的原因，只不過是因為大家還算神志清醒，悖離的同時一直在勉強吮取「詩人」的成分而盡力割除「狗」的部分。

接著看：在書的結尾，柯慈借盧里的嘴這麼說——

「你不留它了？」

「對，不留它了。」

盧里說的是要處理（殺）一條狗。他要做個了結。

需求這樣。應該這樣。必須這樣。這樣才是盧里，那個詩人。

而女兒露西則在被人輪姦之後，成為了一個沒有半點情欲的自然主義者，真正的植物。她褪去了一切矯飾、思維，只想簡單地在土地上耕種，和動植物生活在一起。而為了這個目的，她可以隱下所有的恥辱，對往事隻字不提。為了得到庇護，她可以只為利益做黑人的第三個老婆，並為了保持和黑人的關係，維護強姦她的小孩。她是務實的，也許看透了世事的虛幻，只要最本質的生活。或許，無能比聰慧更有助於我們心靈的安寧。而盧里希望可以一直保持尊嚴，如有可能，必激烈反抗，至少不能任人擺布，委曲求全。因為面對恥辱的觀念和行為不同，他們一次又一次發生爭吵，並最終在盧里失去理智攻擊和女兒共同生活的小孩子時，和女兒的分歧達到頂點，而徹底決裂……女兒露西的寬厚忍耐，總體來說還不過是最大眾的、迷糊而盲從、無力也無心的那一類的代表。

就這樣，「尊嚴」一層層長起，又在一段段不圓潤、不和諧的音符中被一層層剝下，像露西的最後一件衣裳在陽光下被當眾扒掉……而柯慈所做的，讓我們看恥辱本身的橫切面，太多的東西裸露出來，醜陋、斑駁，……人的欲望如此獸性，讓我們看得心驚膽顫。這部小說讓人更加迷茫生命的方向和意義；因為無路可逃，而再三思量。

一切藝術表現、文學形式，一直到小說的敘述方式，不都是以觸及人性為最高追求嗎？這本書顧左右而言他，潛臺詞無非還是那兩個字。人性複雜到不可理喻。

闔上書，柯慈仍逼迫我們與他的對話，並審判自己，驅逐自己——驅逐到狗那一群裡去：我們為什麼所困？為了什麼日夜懸心？我們觸犯底線及其衝動來自何方？底線在哪裡？在脆弱的世界，脆弱的人群怎樣才能建起對彼此的責任心？尾隨而至的恥辱又是我們內心的哪種詮釋？「無德」和「無錢」哪樣名叫恥辱？現代人在什麼情況下才能感受到恥辱？我們怎麼面對？如何突圍？他人怎麼看待這種恥辱？他人的恥辱和我們的有無差別？

所有時代、所有人的恥辱，也像被馴化圓熟、人云亦云的一隻鸚鵡，背叛了它最初婉轉啼鳴、獲得歡樂、至為美麗的初衷。恥辱感是柯慈寫作的核心，也是時下少有人探討的概念——我們對恥辱麻木了，多日不覺，也就消失。不再曉得「恥辱」如何書寫，也就不再曉得光榮是什麼。我們忙於賺錢，分身乏術，渾渾噩噩；可是只有重新獲得感受恥辱的能力後，我們才有可能獲得打敗恥辱、奪取光榮的勇氣……跟吃飯睡眠一樣，恥辱於人是重要的。

這有多麼素樸。他文本簡單，藻飾少，不動聲色，偶或溫暖。有些像海明威，仔細讀，還有些福克納（William Faulkner）那十分能沉住氣的氣質在。字眼簡潔，卻高貴典雅，詩意盎然，勝過任何一場華麗奢靡的文字盛宴。

柯慈這樣用冰冷的詩意來描述兩隻小羊的情節，似乎也是說人的情節：「肉是讓人吃的，骨頭是粉碎之後當家禽飼料的，什麼都逃脫不了這樣的命運，也許只除了那副膽囊，那是沒人吃的。迪卡爾應當想到這一點，讓那無處置身的靈魂藏在黑暗、苦澀的膽囊中。」

自然，作為詩人的主角妥協了，放棄了經不住推敲的、自擬的道德標準，從希望做嚴謹的詩人，到希望做狗，恢復到了希望做人。他到最後也未能完成一直想完成的那齣關於拜倫的戲劇……我們的主角，他發現世界充滿恥辱時，曾經自我否定，想隱遁田園，可最後卻回歸家園，一心嚮往於做一個好外公，等待做一個好外公，一個凡人……他恥辱，就像詩人；他不恥辱，就像狗。事實是：他不能完全恥辱也不能完全不恥辱，他是加害者，同時也是受害者……他一直都不是真正的詩人，也不是狗（幸運還是不幸？）。恥前恥後都不是。

我們也不是。

夏日取暖

——讀書筆記之八：情書情境

既然眼見七月流火，不妨邊聽聽冷冷垂落的水滴一樣的蕭邦，邊看孤單的孩子安徒生（Hans Christian Andersen），泣哭著歌唱的詩歌〈茅屋〉——那封情書。

是的，情書，就像他一輩子、一直到死、都把暗戀著的愛人給自己的最後一封藏揣在滾燙左胸的信一樣的情書。它還能是什麼？

愛到那樣，只有捨己。

還有那些小時候讀著甜美如蜜的童話，哪裡是什麼童話？分明是一齣齣愛的悲劇，愛的詩句。那些與愛有關的隱忍、不語、節制、犧牲……那些殘酷，那些傷疤，讓人讀到一半還要不時停下，站起來走走，才能均勻呼吸。他故意不讓小朋友看懂，讓他們只看看表面，哈哈一笑，便飛奔去玩耍。最好那樣。

那是更適合成年人午夜深讀和掩卷後心悶、懨懨而睡的一類讀本。

還有，他自己畫的那些畫，那張樸實的、一名農人似的畫：一顆心臟，丘比特拉弓射出的箭矢在它旁邊縱橫四散，塞滿整個畫面……就是沒有射中那顆心臟。它旁邊小小的字母，標著一個名字：安徒生。

安徒生，這個出生在一張由棺材板拼成的床上、幾乎自況的那一篇中〈跛腳的孩子〉……他是生活在十九世紀的一個真正的孩子，一生中沒有靠近過女人。他獨吞了全部霜雪，把那顆本該戀愛的心，捧出來溫暖人間。

讀著，一個戲劇作家的安徒生，一個歌劇演員的安徒生，一個剪紙藝術家的安徒生，一個旅行文學家的安徒生，一個詩人的安徒生。寫童話其實也遠非他的初衷……一個當時被囚禁在偏遠小城的孩子，一個有著複雜、混亂的家族血緣的自卑的孩子，一個有著瘋瘋癲癲的祖父的孩子，一個誠惶誠恐、生怕自己也會有一天發瘋的孩子，渴望關注，渴望富有，渴望愛情，渴望離開。

離開了，都過去了，如大風呼呼吹過。只有童話不改初衷地留了下來，揚在最親近人的矮枝上，裝滿聖水，供我們伸長頸項，輪流輕啜以解渴。還有他那首如泣如訴的〈茅屋〉，如同掏自己身滾熱蒼涼的心：

在浪花拍打的海岸上，有一間孤獨的小茅屋，它上接天空下連海，它四周全是山和岩，那種景象真荒涼，竟不見草和木。但茅屋裡有真情愛，使幸福常在。

這屋裡沒有金和銀，卻住著一對有情人，看他們愛得多真誠，那情誼比海深。這茅屋雖然又小又矮，這窮鄉僻野沒人來，但茅屋裡有真情愛，使幸福常在。

……

埋頭久了，不覺起了疑問：愛情究竟是種什麼樣的東西？那樣棒的歌、畫、詩，又說明白了愛情的幾分之幾？

愛就是互生美好之心。看到那人就像看到花；就算知道那人有缺點也依舊喜愛；沉默不語也可以，但請別離去；那人的名字像珍珠藏在蚌裡，撬也撬不開，捨不得取出跟人炫耀……愛就是遇見那人後，開始仔細而認真地生活，開始體會每一處美好的事物，以及細微的關懷和寵溺。彷彿世上只有自己，和那人心心相印。

愛有多重要啊！在人生最後的旅途裡，有什麼財富可以帶走？都只剩了深情的眷念。所以拿破崙在臨終時喊著「約瑟芬」，他從孤島上離開，到另一個世界去找她；而約瑟芬在最後時刻，同樣深情地叫著「拿破崙」。他們帶著渴望團圓去了……無論誰都有屬於自己的那一份真愛吧？

它等在那裡，常常是在離我們最遠的地方——等你現身。

我們放下自尊，放下固執，放下驕傲，原來都是因為放不下一個人。它那麼複雜，有時還悲哀，卻滋味誘人，讓人放棄抵抗。這幾乎是宿命。

一時想起《牡丹亭》裡的一句話：「情不知所起，一往而深。生者可以死，死可以生，生而不可與死，死而不可複生者，皆非情之所至也」。而錯失原只是人生尋常，生死也便成了常見的風景。在愛的路上，我們去留似乎都由不得自己。愛是無力的。

還是樂觀一點吧——也許，只有樂觀地自我激勵，才能生出微茫的希望，才能有所堅持。

撫摸穀倉

——讀書筆記之九：驪歌輓歌

能把「死亡」這一主題引入水晶屋一樣的童話、用以說明生命的天才，具有那種真正的藝術家的懷抱和勇氣的，除了安徒生，還能有誰？

死亡是莊嚴的，生命也是。

因此，這個夏天，我想讀的第二種成人童話，很薄的這本《夏綠蒂的網》（*Charlotte's Web*），就是來自懷特（E. B. White）。這個人——這個名聲略小於他的成就的人理應得到他應該得到的讚美——閱讀。作為讀者，能有如此傑出的作者曾出現在我們也生活著的世界上，我們還真是幸運。就這本文筆簡潔的童話而言，雖然他和安徒生所講述的內容和方式不盡相同——他說友誼到死亡的盡頭是暖意；安徒生則說愛情到死亡的盡頭是寒涼。而暖意與寒涼不過是一種事物的兩個注腳罷了。

他們都是傳播生命意義的普羅米修斯，一個在左，一個在右。他們手上燃燒的童話，可解我們的相思。每個人都會在某個心緒寧靜的時候回憶童年，還有年少時的友誼。

當然，無須懷疑《格林童話》（*Grimms Märchen*）的純真美好，以及《一千零一夜》（*One Thousand and One Nights*）帶給我們的感動：那些矢車菊和百葉草，那些糖果做的房子和雪裡滾出的紅色草莓，以及大團圓結局塞給我們小小心靈飽漲的滿足感……多麼值得回憶。當我們長大，就愛上了另外的、具有「輓歌氣質」的童話——這無疑屬於一種更為高貴和老成的寫作氣質。

在這個意義上，童話和史詩站在了一起（說遠一點：童話和宗教站在了一起，正如小孩子都是天使一樣）。

喜歡懷特這本書首先不是它的內容，而是書中的動物代稱——一律用的是「she」、「he」，而不是「it」，滿遂心意（我讀的是中英文對照的，讀不太懂了就看一眼中文。童話的文法能複雜到哪裡去？讀《小王子》（*Le Petit Prince*）也是如此。我的建議是：能讀原文就讀原文，尤其是外語能力好的讀者們，因為譯文多多少少會失去一點原意的精華）。這和我的小小見識也是契合的——動物有性別、性格、情感、很多不亞於人的聰明和微妙細緻的交流，而世間一切的關係——包括我手邊的盆栽、你手上的扇，這些你我認為沒有生命的東西，也都理應平等對待啊！

說說梗概：這本書敘述了一個農場穀倉裡一年中所發生的故事，主要是一隻蜘蛛拚力織網救了一隻小豬。穀倉很大，也很舊了。裡面有乾草、肥料的氣味，累了的馬的汗味，有吃苦耐勞的母牛溫暖的氣息。穀倉讓人聞上去感到天下太平，什麼壞事都不會再發生。……穀倉冬暖夏涼，裡面有馬欄，牛欄，穀倉底下有羊圈，有小豬韋伯待的豬圈和小蜘蛛夏綠蒂待的角落。穀倉裡有凡是穀倉都有的各種東西：梯子、石磨、草叉、扳手、鐮刀、割草機、雪鏟、斧頭、牛奶桶、空麻袋。他是燕子喜歡築巢、孩子喜歡在裡面玩耍的那種穀倉。

穀倉的四季，如人生的四個階段，悲歡盡斂，濃墨淡彩，隨情節變化；最後，繁華和喧鬧收場，悲劇和喜劇過去，只留下平靜的人生。想來以這樣的感受為基底，建築其上一切將牢不可破，即便分離也不會帶走屬於生命的美好回憶。

不引用這樣的好句子簡直天理不容：

「第二天有霧。農場裡什麼東西都溼答答的。草地看上去像一張魔毯。那片蘆筍地像一片銀光閃閃的森林。」

「最後一天，夏綠蒂對韋伯說，現在沒有什麼能傷害你了。秋天的白晝要變短，天氣要變冷，樹葉要從樹上飄落。聖誕節於是到了，接下來就下冬雪。你將活下來欣賞冰天雪地的美景……冬天會過去，白晝又變長，牧場池塘的冰要融化。北美歌雀將回來唱歌，青蛙將醒來，和暖的風又會吹起。所有這些景物、聲音和香氣都是供你享受的。韋伯……呵，這個美好的世界，這些珍貴的日子……」

「『那真是一隻了不起的蜘蛛，』她說，『你一直是我的朋友，這本身就是一件了不起的事。我為你結網，因為我喜歡你。再說，生命到底是什麼啊？我們出生，我們活上一陣子，我們死去。一隻蜘蛛，一生只忙著捕捉和吃蒼蠅是毫無意義的。』

後來，韋伯一直生活在穀倉裡。穀倉裡的生活非常好——不管白天還是黑夜，冬天夏天，春天秋天，陰沉日子晴朗日子。韋伯想，這真是個最好的地方，這溫馨可愛的倉底，有嘎嘎不休的鵝，有變換不同的季節，有太陽的溫暖，有燕子來去，有老鼠在附近，有單調沒變化的羊，有蜘蛛的愛，有肥料的氣味，有所有值得稱讚的東西。」

……

另外，如果前面的引文只夠優美不足以動搖你的冷靜，那麼下面這段夏綠蒂之死一定可以使你頓生淚意：

「再見！」她低聲說，然後用全身力氣，揮動一隻前腳向他道別。

她永遠不再挪動了。次日，凡瑞士輪拆散了，賽跑的馬裝進了運馬的篷車，遊樂場主人們收拾起行李，載著貨櫃屋離開了，這時夏綠蒂也死了。不久廣場上已闃無人跡。棚子和房子都空了，顯得很荒涼。跑道內場滿地是空瓶和垃圾。赴會的數百人中沒有一個知道，會上最重要的角色曾是一隻大灰蜘蛛。她死時無人在旁。」

「她死時無人在旁」。真的滿感激如此用心的譯者，我所喜歡的最初譯本的譯者。她說「她死時無人在旁」——不須易移，無可增刪。多麼孤獨的一個句子，人因會意而長久沉默，哭也可以。

我的小姪女書架上有一個二〇〇八年出的新譯本，帶拼音的，我也看了，關於這個句子，譯者是這樣講述：「在她就要死的時候，沒有任何一個人陪在她身邊。」不經意露出了用盡氣力和怕說不明白、怕打動不了人的意思——豈不知這世上怕什麼來什麼。

至此，整本書像條河流，先是歡快的溪流，後是延宕的激流，行進到下游，卻靜靜鋪展在大地上，成大河東去的樣子，那些細沙浮塵隨河水漸行漸遠，歸了海。而夏綠蒂留給我們的，是她伏在某片樹葉上一動不動、隨波遠行的背影——哦，「她死時無人在旁」。你聽過安詳從容的輓歌嗎？比聲嘶力竭何如？

哦，還喜歡這樣的「天籟」：

「可是這不公平，」芬兒哭叫著，「這頭豬願意讓自己生下來就瘦小嗎，它願意嗎？如果我生下來時也很瘦小，你就會殺死我嗎？」

這樣純粹無欺的聲音只能來自兒童——那樣純淨清亮的心田。讓這個都市的夜晚上空，各個方向的一切雜音因羞愧而紛紛迴避。公平一點說，她天真爛漫的言語有足夠的力量去阻止殺戮——包如果這世界公平的話。

可是，讓她的父親阿爾伯先生暫時放下屠刀的卻不是這一切，他只是不想傷害女兒，不想讓女兒傷心。成人的世界是不講道理的：「他說：『但這是不一樣的。一個小女孩是一見事，一個小瘦豬是另一件事。』」

是的，這就是成人世界的哲學，朋友是相互利用的動名詞——而不僅僅是名詞；友誼則是碰杯時觥籌交錯的祝酒詞。難得偉大的成人把理智和情感梳理得如此涇渭分明，井水不犯河水。成人的這種後天學來的能力強大到真的能藉此實現順我者昌，逆我者亡。可怕嗎？但這是事實。

在成人世界裡，我們常見的有：「弱肉強食」——這四個字一字一頓，甚至不含一點感情色彩；還有「等價交換」——這四個字無關邪惡，卻也不包括善良；無比冷靜，不含褒貶，只作為一種客觀存在的、巨大的利益之籠聳立於世。任何一個經受過十八歲成人禮（不必真的實施儀式，十八歲本身就是一個儀式）的人，都會明白這種籠子的強大和不可逆轉。我們想念的最初的友情只適合默觀、低聞、淺言、輕擁，而我們在斷絕友情的時候，總是記著這個世界尊崇弱肉強食、等價交換的原則：因為對方曾經傷害了我，因為彼不我恩。我們忘記了，喜歡，才是做一件事情最好的理由啊！忘了嗎？夏綠蒂說：「我為你結網，因為我喜歡你。」

多麼好。

是不是因為我們不能再這樣，僅僅依據我們的「喜歡」來界定我們對世界的定義、決定我們對除卻個人之外的生命的行為，成年人才不斷用童話和其它各種手段表達對純真和善良的緬懷、對生命的憧憬？為什麼書中的小孩子總是那麼純真善良，是不是僅僅為了反映某種現實而暫時存在？我們哪一個不曾是小姑娘芬兒，聽得懂動物的語言，對一切都心懷好感和敬畏？但是，慢慢地，隨著年紀漸長，我們開始注意亨利或者摩天輪，慢慢地，週遭太多奇怪、新鮮的事物出現。甚至，讓我們天真、摯誠、善良、負責任的真我漸漸喪失，再也聽不懂動物的語言，甚至跟老鼠坦普頓一樣——或者比他更差，還遠不如他（他自私，容易被引誘。他是大眾的縮影，並無可指摘——生存很苦，誘惑很甜蜜，它們往往又互有因果），而我們，竟忘記了自己的本質，只求保全形體、享天年的法則，不再記得養盛德、應大道的道理，毫無痛感地默許這一切的發生。

難道這有錯嗎？

——難道沒有？

我們終究無法成為我們想成為的那種絕對純真的人。保持一定的憂慮、一定的「輓歌氣質」、保持一定的不純真是安全的，也應該為了並不完美的生活而感到安心。但我們也該保留一些原本受之於天的人性，不忘前人「溫而厲，威而不猛，恭而安」的教導。

滿喜歡書中這一句：「當然，人大都不知道這一點：人往往無法認清美好的東西」。

這當然也是有著輓歌氣質的一句。

其實，輓歌的意義在於：安慰了，還要傷害，就像傷害了，還要安慰。就算認清了美好的東西又能怎樣呢？很多時候，人生無法掌控，會有一些外在因素參與進來，改變友誼、愛情乃至天性的純粹——原來無論是生命還是一些珍視的東西，一切都只是那麼短短一瞬。有那麼多美好的東西，那麼多看不完的風景，還有，多麼捨不得的人；可是生命太瑣碎，我們又被時間追得有點狼狽……可就是因為有時間這條大狗追著，所以才能一邊氣喘吁吁地跑著一邊感到開心。待到生命盡頭，離開的時節，綠鬢凝霜，驪歌悠揚。

這世間因為有了友誼和心愛的人事物，便不再需求用鐘擺來計量，而是逶迤著、蔥翠著，伸向永恆。這十分美好。

我們追逐著美好，時間追逐著我們——是這樣「黃雀在後」的感覺，促人熱汗汪洋之餘可以天天向上，竟成就了一件好事。人人皆蟻民：不就像小蜘蛛夏綠蒂？也許可以結起一張網，或許還可以溫暖乃至拯救一個人，成為忠誠而純潔、美麗而溫柔，成為某個人最重要的人生旅伴。

即使如此，最後還是要分開的，沒有人可以陪伴誰到任何地方去。因此，無論如何請彼此擁抱，和誠心相待。

我們既是夏綠蒂，也是韋伯。

皎月、花樹、青草、香氣滿鼻。

在遠行之前，請讓我們生活在這間金子鑄造的穀倉。

譬如馴養

——讀書筆記之十：最初最終

人類馴養動物的歷史由來已久。想來人之所以要馴養動物，除了物質方面的需求外，更有精神方面的緣故。與人類相比，動物的忠誠度不知道要高出多少倍，鮮少聽說動物會背叛自己的主人呢？人與人之間的背叛卻屢見不鮮，不背叛倒成為難得一見的特例，所以人們常常在被馴養的動物身上得到忠誠感的補償。

而人與人之間的馴養，轉變成我們見到的人間景象，就是愛情。不錯，就是愛情。

於是，關於馴養，有了好多好書和好音樂。譬如：《小王子》(*Le Petit Prince*)。據宣傳語說的那本「全球閱讀率僅次於《聖經》」的童話。提取、默誦裡面這一段的句子，擲地有聲：

「『看那金黃色的麥子會讓我想起你，那是你頭髮的顏色。而我將會聽風在麥穗間吹拂。求求你——馴養我吧！』

『比方說，你在下午四點約好來拜訪我，那上午七點的時候，我就會開始覺得快樂，然後接下來我會覺得愈來愈快樂。三點的時候，我就已經開始焦躁擔心了，四點了，那麼我將會知道快樂的意義。』

『而離別快要來臨的時候，我或者你，就悲傷。』

『你或者我，會說：「這就是你自己的錯了」、「我不想傷害你，是你要我馴養你的……」

「但是，你快哭出來了！」「那你根本沒有得到好處。」』

『對啊，我或者你，也會說，「我有得到好處的，因為我現在擁有麥子的顏色了。」「我們只有用心靈才能看得透徹，真正重要的東西是肉眼無法看見的。」』

「大人們真的很奇怪。」小王子在他的旅途中不止一次地這麼想。他在長遠的旅程間覺得很疲倦而憂傷——他的憂傷是世界的憂傷，因為這樣的世界只有一模一樣的人和花朵，如同沒有狐狸的小王子，沒有小王子的玫瑰……當那對自己有終極意義的事物不復存在（或根本沒有），那麼這裡只剩下金色的麥田，和滿園對他來說無關緊要的玫瑰，因為見到麥田而想念的狐狸是有智慧的——一個連對麥田的思念都沒有的心的荒漠，才是人世裡最悲傷的土壤。

小王子用一年的時間旅行，流浪，踏遍了所有的不毛之地，看到形形色色的人在物欲橫流的社會裡以一百種姿態迷惘著：

國王——坐在只有禮服大小的星球上使用著他所有的權利，他只信仰權利……愛虛榮的人——「在那些愛虛榮的人眼裡，別人都成了他們的崇拜者。」

酒鬼——為了忘卻羞愧而喝酒，因為喝酒而羞愧……商人——只愛計算著天文數目，喜愛擁有卻不知如何去管理……點燈人——「小王子瞅著他，他喜歡這個點燈人如此忠守命令。」

最後，他來到狐狸身邊，聽牠告訴他：「我的生活相當乏味，我已經厭倦了。不過，如果你馴養我，那我的生命就會充滿陽光……你的腳步聲會變得跟其他人不一樣。其他人的腳步聲會讓我迅速躲到地底下，而你的腳步聲則會像音樂一樣，把我招呼出洞穴。然後，你看，看到那邊的麥田了嗎？我不吃麵包，麥子對我來說一點意義都沒有。麥子無法讓我產生聯想，這實在很可悲。但是，你有一頭金黃色的頭髮，如果你馴養我，那該會有多麼美好啊！金黃色的麥子會讓我想起你，我也會喜歡聽風在麥穗間吹拂的聲音」……唉，這本像睡著的水、跟北歐電影裡的世界盡頭一樣的小書啊，用筆代替我們，把重要的、不好意思面對面和寫在信上道出的話一一講述。

是的，不管是誰——小王子、狐狸或玫瑰花，你或我——如果被馴養，渾濁的眼就可以重獲明亮，孤獨的心就有了嚮往的方向。

梭羅（Henry Thoreau）講過，人過著靜靜的絕望的生活。這是一個落滿塵土的天堂。

而我們每個人都像這塵土天堂中一塊脆弱的拼圖，雖然用心且力求完美，可一不小心就會打翻弄丟，再拼不成樣子，最後七零八落，只能丟棄。有幸的是，在某個暗黑寂寞的角落，還儲存零散的硬幣一樣，儲存著一個關於小王子的故事。因為它，在這個乾燥、冷硬的星球上，在長長短短的生命交錯的過程中，我們的心臟裡還保住了一點眼睛看不到的東西，一點真正重要的東西，譬如細小的美麗，譬如敏銳的感受，譬如花朵一樣的微笑，譬如兒童一樣的天真，譬如理想和柔情，譬如有關馴養和被馴養的珍奇……而多數時候，我們有著不堪回首的記憶，並有被他人傷害的不堪記憶——誰也不是乾淨、完整、不痛的完人。因此，腦中充滿心機、懷疑、防備和陷阱，手裡玩著大人們的利益遊戲，只有自甘墮落、自圓其說的邏輯，缺乏對真實世界的熱愛和熱情，幾乎一生都帶著老舊的軀殼，一點想像力都沒有，只是重複別人要我們說的話，習慣假笑，心中充滿了各種欲望；熱衷名利，身邊繁華來來去去……我們彷彿是以毀滅為目的建立文明（如果這文明可以被叫做文明的話），建造和掠奪這個文明，以至於都忘記了我們追逐它們的初衷，忘記了東西再多再好，人也偶爾該仰望一眼在空中高掛的星星。救贖確實可能發生，但我們沒有先知，甚至不知道自己存在的價值是什麼，像那個悲情的薛西弗斯，日復一日地向山上推著手上圓滾滾的巨石；而到頭來，所有人的結局都一樣——是死亡。人被時光碾壓而過。

無論在二十歲放縱而逝或在九十歲涅槃成神，都一樣。

就又無端地想起古希臘喜劇作家阿里斯托芬（Aristophanes）說的話：宇宙最初的時光，在那洪荒歲月，這世界上居住著三種人，男人是太陽的孩子，女人為大地所生，還有一種，就是月亮人——他(她)們都有兩個頭，共用一個身體和心臟，是一男一女的連體，兩性俱全的陰陽人。陰陽人是月亮的後代，有四條手臂和四條腿，有兩張一模一樣的臉孔，圓圓的脖子上頂著一個圓圓的頭，兩套五臟六腑，像直立的螃蟹。當然，他們還長著一對幾乎完全不需求的性器，因為他們像豌豆或蟋蟀那樣把種子播撒在地裡。他們可以任意地向前或向後行走，像車輪一樣向前飛速翻滾……他們天生眼觀六路，耳聽八方。

因為他們如此奇異，神唯恐這些人無法無天起來，因此就以霹靂為斧頭，閃電為利劍，趁人們熟睡之際，將其劈開，陰陽人便一分為二，一半成了男人，另一半成了女人。

但這兩個半邊身體相互思念，日夜想著抱在一起重新合成一體，這樣就產生了兩性和兩個半邊身體想要重新結合的永恆力量。真正的愛人希望得到的就是讓自己的靈魂和肉體與另外的一半結合成一個真正的整體。但當他們找啊，找啊，找到有點像自己的一半合起來之後，引力沒了，才發現兩半之間根本不像看上去那麼嚴絲合縫——事實上，距離被劈開的時代已經過去那麼多年，任何一對組合都差不多不再是陰陽人身上的原貌了。所以，不管跟哪一半合在一起，嚴絲合縫的機率幾乎都是零。

而只有當人找到原本的、曾經失去的另一半，才能恢復「最初本性」的統一，才使人擺脫了與生俱來的孤獨。那樣的結合，也才能將由於切割而造成的無法癒合的傷痛變得可以忍受，並得到安慰，而達成人生最大的幸福。於是，就有些特別幸運的人在真正的愛裡，最終恢復了乾淨、完整、不痛的自己。那些人是半神。

記得《文心雕龍》裡有「賁象窮白，貴乎反本」一說，拿文章之理來論人也不是不可以：九九歸一，我們得找回帶有自己心臟的另一半，那本色，那返璞歸真。這和上面提的希臘傳說裡人的「最初本性」的統一是同樣意思。我們難道不願意活成最初的自己？新鮮，光亮，自然的原創，沒被刪改和塗抹，像顆陽光下帶露的又紅又圓的蘋果。

雖說人生來是孤獨的生物，但也不用執著孤獨吧？也不用鸚鵡學舌，忍著痛苦說俗濫的、被誤解的那句「享受孤獨」——享受獨處還差不多。人總不能對「切割」那樣巨大的疼痛而感到麻木。愛是任何美德的始與終。愛首先是肉體和心靈的熱情——首先是飢餓和乳汁，首先是欲望，首先是快樂，首先是使人平靜或帶給人安慰的愛撫，首先是保護人或哺育人的行為，首先是愉悅人的聲音……既然如此，好像大家最好跟小王子學學，得有個用自己的名字命名的行星——無論它有多小，得有個盛放了自己全部熱情的理想國，無論它有多不成樣子，都盡力找個愛的重心，譬如玫瑰，譬如愛人，譬如寵物，譬如星空，哪怕是宗教……放在丟失又好不容易找回的心臟裡，愛著他（她或它），這最接近自己的另一半，然後對他（她或它）微笑，說聲感謝，最後，像小王子一樣遁去，也就不虧——謹慎而惜福地運用這種力量，這種無堅不摧的甜蜜而神祕的力量，人生就多少還有些閃亮的日子等在前面，再大的風雨也足夠抵擋和補償。我們不必計較這重心是否真實存在，和存在多久——能多久就多久，能多久就是老天多久的恩賜。人就是人，一芥渺小的、想盡辦法還是無力更改目的地的動物，或植物（你敢肯定人在螞蟻的眼裡不是一株株能開口講話的蘆葦？），要依靠比自己更強大更溫柔的、有愛的鼓勵和安慰的、名為「另一半」的支柱活下去，讓自己更平靜和安心。

除了《小王子》，最近也正慢慢研讀《黃帝內經》。見裡頭說：「以恬愉為務，以自得為功。」這是教導人應該以平靜和快樂為要務，以自己有所收穫為成就感。其實在我看來，萬物皆為空，可為可不為，選自己喜歡的——或者換個說法，選讓自己歡喜的——幾件事物來做，來愛，甚至都不必去問來處和去處——問又有什麼意思？問誰？

既然都是從無中來，到無中去；既然世間一切都是偶然來到並自由來去；那麼，有多少當下，珍惜多少當下就好，不必悲嘆。

無論是什麼，或說無論你我，都有這樣的時刻：歌會唱到尾聲，花會開到荼蘼，最初的相遇當然也有著最終的分別，駐紮在生命的邊疆，像小王子似的毫無聲息的離去；然而，生命與生命間的互相吸引和互相安慰，美得如此完整、壯闊，如山如河，幾乎是這世間最值得為之鼓掌的一刻了。

真好。

照顧靈魂

——讀書筆記之十一：夢遊夢囈

手頭在讀的，是不足十萬字的一本《華盛頓廣場一笑》（*Smiles on Washington Square Thunder's Mouth Press*）。我在讀它第五遍的時候就已經認定：它是實驗小說中當之無愧的王中之王。每次讀它我都認為：沒有它，美國文學就注定無法完美。

它令人無比著迷的東西究竟是什麼？……每一次閱讀，我都在掩卷後激動地思索這個問題，並找機會跟專門研究英美文學的小妹展開討論。她批評我的激動，卻贊同我的評定。

國外作品裡，似乎只有《聲音與憤怒》（*The Sound and the Fury*）給過我如此寧靜博大的感受。

不要指望聽一個好聽的故事，還要它有駁雜繁複的情節，沒門兒。它希望你和它一樣，只寧靜博大地感受它的感受。

記得在羅伯特．施奈德爾（Robert Schneide）的《睡眠兄弟》（*Schlafes Bruder*）裡，天才的音樂家哪裡需求老師？埃利亞斯差不多一夜之間，自學成了管風琴演奏大師。雷蒙．費德曼（Raymond Federman），這個美國人就像那個天才音樂家，彷彿一覺醒來，華章出世。

因為這種體驗如此特別，所以，這次只說閱讀體驗，不說內容，乃至師承與技術。

細細咀嚼，吃到第一「口」——扉頁後的那行「獻給喬治．錢伯期及其所有無端的重複」時，就已無法鬆口，只能心急如火地在字裡行間跋涉。

是呀，是跋涉呀，他寫得比晦澀還要難懂。閱讀此書非常費力，讀下來跟蓋了一座屋子差不多累。他那樣任性跋扈，一路蹦蹦跳跳，拐彎抹角，有時隨便在哪個地方就躺下來休息，突然又爬起來跑得沒影，或乾脆截獲一輛車，趕走司機，自己一上駕駛座就開車飛馳……想跟上他？只有耐住性子，比慢更慢、比細緻更細緻、一個字也不敢放過地讀，還得不斷地回頭重讀——我說的不是讀完一篇後的重讀，是在讀同一篇的過程中不斷回頭的重新閱讀，閱讀那些呼應的章節、段落、句子、虛詞、「廢話」……是的，「廢話」，它的每一句「廢話」都飽含深意，初淡而回甘。你落下一點，也許就永遠不懂了，原先一個非常有意思、有意義的好的文本也許就味同嚼蠟了。多麼可惜。我喜歡這樣安靜的、有各種「先天不足」的文本，像喜歡那樣有著小雀斑或小傷疤的李子——它們有股布衣士人的素淨之氣，偏偏味道又是英雄般的豐美充沛。

主角對現實和夢境的真偽和象徵意義幾乎沒有判斷能力，他（她）打破「既定」，重組「可能」，一個接一個地編織幻想和夢，一如他（她）一站一站不由自主的行程。但這樣卻讓我們更難分辨，他（她）所經歷的現實遊走與靈魂飛翔，到底是哪一個在吸引我們的目光？

它如此地漫不經心又語出驚人——那些逶迤的情緒，也許都是那位天才寫作者在夜深時寫下的吧？它通篇半閉著眼睛，倦怠、慵懶、搖曳、性感，像複音，像一把大提琴，像藍調、爵士，像二十世紀以來無處不在的冷漠……你什麼時候拿起它來讀，什麼時候就被那寒涼牽動……類似自虐和自虐的快感。

它也不是不講故事，但它的故事來自於靈魂——那樣飄忽不定、似是而非的靈魂。它的不確定性無處不在，這也體現在那些「廢話」上。譬如，第一頁：「……他們最初在紐約相遇，是在三月的一個下午。也許是在二月。沒什麼非同尋常。幾乎是相識了。」

譬如，還是第一頁：「就說他們相遇的那天是星期二，幾乎是相遇了。就說那是個下雨天。而且大雨傾盆，那是由於心情的緣故。管他呢……」

夠廢話的吧，這些字句？恍惚，不可靠，沒有著落，類似幻覺……可是，如果把這些「小雀斑或小傷疤」拿掉，它還有什麼更值得那些評論家們為它貼上「超現實」的標籤？它不現實。它幾乎是「烏托邦」再現。

不得不承認，在物質欲望高漲的時代中，個體生命的獨特性正在消失，人難以忠於自己。面對這樣的現實，靈魂帶著茫然、苦痛和憤怒，蹙眉質疑人的生存意義，叫囂著人究竟要到哪裡去……我們不明白那些生命裡的巨大的隱祕和真相，譬如死亡、愛情，譬如內心荒漠中深埋的弘毅和渴望，人性難以想像和盡述的複雜和自覺……我們類似的迷惑、追問和情感，在這本薄薄的、飄忽如靈魂樂的文本深處，在它為你營造的漩渦裡忘我舞蹈，和我們的身體合而為一，從而在這一段短短的行程裡，我們的靈魂之路掃盡一切障礙，轉悲為喜，天天是好日，眼前皆天堂……我們的靈魂藉由它，而走向了自由王國……這真是美麗的閱讀體驗。

眼前的文本，它本身就是個詩性的靈魂的河流，奔騰而下，又絕不氾濫，代表了我們在生活裡無能為力的抵死反抗式的屈服，或相反。

它如此孱弱，孱弱得形銷骨立，左右搖擺，構不成一個完整、好看的故事；它又如此強大，隨便說話，胡言亂語，忽而遐想，忽而回憶——有時一聲夢囈，就牽住了你的鼻子……它奴役了我們，使得一部絕不複雜的零度寫作漫漶成了一場盛大的夢遊。所有好的藝術，說到底都是留給人空間，自如呼吸，有如夢遊的。

它把思維的想像力、語言的張力以及靈魂的無限可能性，通通集中在一起，顛覆了我們的閱讀習慣和書寫經驗，將瑣碎的文字擺弄成一個剛到手上的萬花筒，迎著陽光或月光，看它所呈現出的潛力無法不叫人迷醉……它不完美，有時裡面透出的過分散漫、自由和有點做作叫人生氣……可是文學的力量是如此可怕，它讓人在閱讀後空出整個軀殼，去裝它自己，並乖乖跟著它出走，有勇氣去迷失……享受文學之外，最主要的，是它讓我們堅定了一個信念並先於我們的寫作：追逐流行是沒出息的，創造和想像才是飛翔的翅膀。一個真正的寫作者當然是一個優秀的靈魂引領者，引領我們，去探索「可能」。

這類作家發揮了沉睡的潛能。他們醒了。

唉，在時間的隧道裡，如果把這類文本們一個個請回家來，細心撣去上面微微盹著的細塵，卻不用管它隨著時光而漸次淡下去的顏色，厚薄分明，錯落有致，隨便擱在伸手可及的地方，就不用睡覺，大可以一燈如豆地，酣讀一生。

驀然驚豔

——讀書筆記之十二：容量能量

《佩德羅．巴拉莫》（*Pedro Paramo*）這當然又是一本捨不得讀完的書。是看著時間和頁碼、在接近最後一頁、要告別它時會露出十分惶恐神色的書。告別嘛，就是有點接近死亡，當然有些傷心。

它一次又一次把你拋入深淵——甜蜜而痛苦得都無邊無際的閱讀深淵。像小提琴的一個長音過去，你就半邊身子酥麻。

這種痛苦的甜蜜當然也是不可多得的——一要它好，二要你好，三呢，還要雙方有緣分——書和人的親密緣分不比人和人的親密緣分差多少。很多時候，你分不清這兩者的區別。

有時你為自身的這種特性而欣慰，有時又沮喪。

讀著書的時候就欣慰，並在讀書的間隙抬眼以慈祥的眼睛凝望著身邊流動的世界與遠處隱約的燈火。你很欣慰：我現在是一個好的讀者了。沮喪的時候，不過是闔上書本，會覺得自己還僅僅是一個好讀者而已。那些似乎天外飛仙似的、多麼會寫的人讓你覺得自己不會寫了，讓你覺得一直在路上，不敢有稍稍的得意和懈怠。這十分有趣，也讓人十分沮喪。

這樣的閱讀使人再次斷定：文學就其目的來說，是個體的寫作者激烈抗擊現實、抵達「不可能」和「未知」的武器，但最重要的卻並非目的，而是不斷創造更新鮮更好的形式。它的創作手法和飛快的變幻場景和人物讓你頭暈目眩卻目不轉睛。是的，二十世紀的大師們，在略略稀薄的文學空氣中，似乎集體以創新為第一宗旨，痛快地掀起文學界的革命，弄得讀者不大適應，一瞬間還有些微醺。

譯者難為，它的敘述方式本來就彎彎繞繞，內容又環環相扣，在翻譯的過程中難免有些衝突碰撞，偶爾語焉不詳。而對於讀者來說呢，畢竟大家平時習慣了在中文含蓄的語境下成長。可是你同時也不得不承認：拉美作家總能不斷地震撼到你。在這部只有一百多頁的作品裡，似乎在每一個小節都可以將敘述繼續下去，使它成為一部一千頁的書。因為種種客觀、主觀的因素，讀它是一件極考驗人耐心的事——心浮氣躁無法看，一打岔，一說話，便遁入五里霧中，不知所言何事，所道何物。每當遇這樣的情況，只好從頭來過，只當是認字，一字一句重新梳理。於是，枯境條去，佳景便來，如同愛情的來之不易更能加深雙方的感情基礎，也是一大好處。它有著必不可少的情節的渲染、緊湊感、省略和隱喻，還有政治、愛情、歷史、鬼怪、革命、暴力、溫情、貪婪、機巧、宿命……這些一般講述者所能涉及的題材，作者幾乎全部都涉及到。讓人相信他的定論：「人」只不過是幽靈還魂而已，自然界的一切聲音似乎都可以看成是神靈的竊竊私語。

它因為洞幽燭微而源源不斷。

然而，公平一點講，它一句廢話都沒有。

很少有一個區域的作家像拉美地區的那樣，在短時間內如此集中地展現同一個主題（一個總是轉回去追憶而不是迎頭撞上的主題，被反覆吟詠卻長思不絕的主題）。或者說，作家與作家、作品與作品之間的題材選擇、敘事風格和創作手法上顯示出如此多的經驗的類通性。它還使我想起了伊莎貝．阿言德（Isabel Allende）、富恩特斯（Carlos Fuentes）、科塔薩爾（Julio Cortázar）、波赫士（Jorge Luis Borges）等一連串拉美作家的名字。它們神性和詩性共存。

這一本，同樣兩「性」皆備的《佩德羅．巴拉莫》，隨著閱讀的進度和深度，像一棵樹瘋狂地長大；而它這樣不可思議的瘋長好像是打算一把奪回過去盹住的時光。

你沒見過一棵樹有這麼大的勁，像發動了一場戰爭一樣，巨大的葉子迅速遮蔽了整個夏天。

這棵「樹」的被發現讓你不得不感慨：這真是個讓人激動的夏天。

它的作者曾這樣講述其寫作動機：「……當我回到童年時代的村莊時，我看到的是一個被遺棄的村子，一個鬼魂的村子。在墨西哥，有許多被遺棄的村莊。於是我頭腦裡便產生了創作《佩德羅．巴拉莫》的念頭。是一個這樣的村莊給了我描寫死人的想法，那裡住著可以說是即將死去的生靈。小說寫的是一個村莊的故事，在那裡說話的，生活的，活動的人物，都是死人……」對這樣一個恍惚陰森、至少在拉美作家裡被嚼得爛俗的題材，他有著極大的敘述熱情和耐心，語言流暢而富有光澤，同時水泥地一樣堅硬、煤炭一樣原始，也相信讀者能跟隨和著迷。這部作品實現了他對小說這一文體的精準掌控，從而不受縛於題材與情節，隨時在句子的碎片中找到詩意的存在，把粗礪的材料在需求的時候組織成任何樣式並展現。我認為這是小說家的最高境界。他達到了。

故事敘述一個孤單的孩子——胡安．普雷西亞多受到幻想的驅使，終於準備履行曾經向母親許下的諾言，回到了他的出生地「可馬拉」。他在趕驢人的引導下，來到了這個他不曾有過一點印象的村莊（因為他很小就隨母親一起離開了這個地方）——可馬拉，帶著母親的眼睛看著眼前的一切，希望能看到母親眼中的，有著「碧綠的平原」、「散發著蜂蜜芳香的」、「在那溫暖的天氣裡只聞到桔樹的花香的」可馬拉。然而，他看到的是一座「冷冷清清、空無一人」的村莊。

事實上，他要找的父親——佩德羅．巴拉莫早已不在人世。現在的可馬拉一切都被披上了死亡的外衣，染上了死亡的病症。從他走進可馬拉的那一刻起，只有鬼魂們在與他打交道（因為這個村子裡的人，死後沒有人為他們超度，致使他們的鬼魂終日在村子裡遊蕩）。他所要知道的一切也似乎只能從這些遊蕩在村子各個角落的鬼魂們的嘴裡去探聽……如此詭異，然而，這看似切合傳統的尋根情結、探險小說，實際上卻完全不是那麼回事。好的講述者是有本事把詭異轉化成花朵的靜靜開放和鴿子飛翔的振翅聲的。它的情節推進充滿了高貴的氣息，像一棵白樺樹的樹幹上，木節深情的低語。

事實上，關於《佩德羅．巴拉莫》最好的宣傳語出自賈西亞．馬奎斯（Gabriel García Márquez）之口：「我能夠背誦全書，且能倒背，不出大錯」。此言一點也不誇張。這部作品就是用來背誦的——唔，它是這樣一部緊湊、開放的、富有張力的傑作，以至於讓你無話可說——好像只有默默地去背誦，才對得起那樣棒的講述。

雖然全書所有人物都是已入土的死人，更準確地說是孤魂野鬼，雖然所有故事都由近似三姑六婆閒扯的口吻來講述，完全打亂了時間，每個人都在自己死前的記憶庫中以姓名為關鍵字搜索內容，你需求自行將一個個小故事拼湊起來，自己梳理情節。最初尋父的情節設定原來是用以給予讀者一個由生人角度切入故事的機會，當你開始小心翼翼步入炎熱、空曠、死水般的村莊後，這條線索便由明轉暗，青年落葉歸根後，不得安息的靈魂一個比一個更快地冒出來敘述自己在世時經歷的苦難。小說最主要的線索其實就是一直間接出現的主角佩德羅·巴拉莫，他是懸在村莊上空的魔咒，緊緊掌控著人們的命運，並在人們死後繼續籠罩著轉入地下的村莊。整部作品，就是貼著這個人物走的，所有的詞語和句子都為他而生。貼近他！你的中心人物，你就和他一起呼吸了。這也是這部作品給你的一個小的體會。

這個故事它好像忘記了告訴你什麼。但你能說它粗心嗎？或許它的成功之處正是讓我們像捉迷藏一樣總是與隱藏之物擦肩而過，而一路上，又總是在你耳邊漫不經心地不停暗示和提醒。這種迷幻是你想要的，它能給的。

這首先給了你兩個啟發：一是：真正優秀的寫作者（包括小說家）是只要有欲望，任何題材都可以寫的人，他可以從任何主題出發，用任何手段，去完成和企盼傑作；二是：他可以以最大化的敘述密度，在相互糾結的關係裡生發出某種意義。這意義就在於：我說著這個，其實指向那個。正像你一直固執地以為的那樣：無論哪個類別，一個好的敘述者一定是個引領者，而不是單純傾訴、發洩、批判和博得同情。他一定是在上面，神諭似的，給予點到而已的一「點」。傾瀉而出不是最好的表達。

講講第二個啟發：任何一部偉大的作品，它的象徵，絕對不是作品中的具體事物所指代的那樣，或像評論家們在作品面世後恍然大悟的那樣，一、二、三、四地那麼清晰無誤。它所涉及的具體事物象徵的僅僅是它自己，或者說，它什麼都不象徵，而整部作品的象徵又無處不在。

不妨再進一步說，你由此可以認定：一個好的寫作者，就不該輕易放棄自己掌控的筆的自由，即書寫的自由。從手段到意義，可以失控，乃至放任，他可以有無與倫比的創造力，當然也同時具備無與倫比的破壞力——沒有一部傑出作品它是完全寫實的——報導文學也不是。寫作，說白了，就是實現那種「打破」、「重建」、「不可能」、「無以名狀」……這些匪夷所思的東西。你是將軍和王，率領讀者到那個世界去，迷惘、迷醉或洞徹、狂野。就是這麼回事……或許，每一個寫作者他本身就是一個造夢人？在可能和不可能、秩序和錯亂間娓娓道來、捋鬚而笑？

說回作品：在這部作品裡，生死無界的氛圍是那樣濃重而瀰漫，以至於你完全被搞得暈頭轉向，不知道故事到底是誰在訴說？尋找父親的人是男還是女？佩德羅·巴拉莫是好人還是壞人呢？什麼是好人，什麼又是壞人呢？還有，人生是不是就是受苦呢？人與生俱來的歡喜和悲哀為什麼源遠流長而得赤身前行？誰又是那個最後的勝利者？……一切都不可確定，一切都懸而未決。這樣巨大的能量，竟是一部中篇小說的篇幅。

再意識到一個問題：好的寫作者，他在高度自由之外，還總是將細節修葺得一絲不苟、最穩妥厚實的那一個。情節的發展就像他屈著自己的手指數數一樣出奇地順暢和自然，想像和真實幾乎同時抵達。而他，內化到精緻、準確到嚴苛的敘述者，總是能像魯迅說珍惜時間擠壓「海綿裡的水」，以黑雲壓城城欲摧的氣勢擠壓出最多的力氣——就是那所謂的能量。而他本身的篇幅未必多大——也許還很小——但它所迸發出的能量一定是巨大甚至無窮的。寫作者之間的差別就在於此。

另外，你還覺得有一點百思不得其解：為什麼，從最小也最狹窄的地點出發的寫作者，他往往能走到最開闊和最遠？而不是相反？

這個問題太難，不妨在某個月亮最圓的夜晚，放下所有繁雜事務，在深秋的大霧裡，把自己蜷縮得像一顆心臟那麼小，去全神貫注地思索它；而後，蜷在親愛的文學的懷抱裡，做個好夢。

那些稼禾

——讀書筆記之恩師師恩

一

為什麼我一想到我的樹就熱淚盈眶？我是如此地想念它們，以至於非要把一個好大的花盆用手挖了土，埋入一粒種子。每日看它，發芽了，我就欣喜若狂地灌溉。現在，它在我的陽臺上，日日瘋長。

我把它叫成「我的樹」。

我開心了，看看它，就更開心；不怎麼開心了，看看它，就開心了。我不曉得這是什麼緣故。

對於窗子外面蜂擁而至的夏花，它什麼都不關心，只盡力向下扎根。它生長得十分有序，慢慢長成教養良好的閨秀——葉子是一對、一對、對應著長的，像一對一對恩愛的情侶，誰也離不開誰。幾乎是每天早上，它頂端的那一個花苞樣的綠蕚，就綻開一對嫩嫩的新葉。深長的睫毛一般，它們上面都有著毛茸茸的小刺，青氣四溢。

每每對視，我們都陷落於對方睫下。

有時，我會吻一吻它最頂端的那一對葉片——幾乎每長出一對，我就吻它們一次。

因此，每一對葉片都有我的愛在上面。

它靜著就工筆，風吹吹就寫意，沒有什麼比它更好、更美麗。

出差一個禮拜，之前交代家人，乾透澆透，否則根會被泡爛的。待到歸來，我竟一改放下旅行包即擦地板的動作，直接去陽臺看我的「樹」。天！也許家人太聽話的緣故，它乾得透死了！幾乎「口唇焦裂」⋯⋯葉片像睡熟的黃狗，耳朵垂下來，最頂端的綠苞也縮著身子，竭力保存著體內的水分⋯⋯那模樣可真教人心疼，我趕緊澆水。

這之後，我每過五分鐘便害怕地察看一番它的臉色和樣子——它開心了嗎？它舒展了嗎？有精神了吧？不會有什麼事情發生吧？⋯⋯那一個小時做家事的時間裡，我像擔憂一位親人的冷暖一樣，為它焦慮不安。

⋯⋯當然，很快我就笑了⋯⋯它的葉片，重新挺立，乾淨透明的小裙子一般，在我的眼裡閃著綠油油的光亮。

我相信，它們之所以如此活潑和安寧，除了陽光和水，更是因為我的愛的緣故。真心傾注在所愛，是植物永遠汁液飽滿的奧祕。萬物皆如此。

至今，還不曉得它叫什麼，開不開花。它像一個大祕密。但這不重要。它美麗就好。

……還想念莊稼。

時間一晃，都芒種了。今天把閒置許久的大花盆整理出來，想種玉米和一些大豆……我不為收穫，只為開心——這樣蒔花弄草，就像心底流淌著一條溫暖的河流，開心得一直哼歌。

當然，更沒有褻玩的意思。一絲都沒有。

像我對我的書寫，完全為著我的心。沒有一絲的諂媚和博取之意——如果說最初的得獎和發表還有喜悅的虛榮在，那麼，母親的事情之後，那一絲虛榮早逝去無蹤。

我種植也完全是為著我的心。

這當然是一場再鄭重不過的種植，如同一場再鄭重不過的戀愛。

陽臺沒有燈。每到夜晚，我站在那裡，便會聽到它笑聲般細細的窸窣。聞絃歌而知雅意，經由它一句句發聲，慢板起調，和聲四起。

我看它是森林，它看我是全人類。或者乾脆反過來：它看我是莊稼，我看它卻是人——它如此安靜、恆常，一言不發，我們如此喧鬧、浮躁……唉，它分明比我們更有人性。

學它的樣子，一言不發。再看下去，看得久了，它我便疑心彼此同類。我們如此親密。

它要一點肥料，和乾透澆透、可以不必天天惦記的一點水；我要一枝筆，和儘量少、不必飽、可以每日兩餐的一點飯。我倆所需都不多，整日整日地不說話。

它是我的烏托邦，我的夢想。也許我也是它的。

如是：它還沒有發芽，我已和它同體——與那個清新自然，溫柔和平的生命本相的身體同為一體。

彼此飼餵潔白的貞靜和忠誠，內心還留存感激，以至歉意。

就這樣，它和我們相看兩不厭，莫逆於心，面沉似水，卻深知彼此是彼此手上的火把。

它因此重新生養了一次，我們因此再次獲取了從我們身上出走的力量。它和我們相互孕育，彼此分娩——哦，這是多麼的不可思議且讓人驚喜。除了最美麗的那種愛情，似乎沒有什麼可以做得到。

二

一不小心就買了這麼多的書，文學名著、畫冊、字帖和有關藝術的書。即便已經讀了十遍、二十遍、三十遍……它們依然可以輕輕鬆鬆就把我們撂倒在它們的石榴裙下。我們被它們奴役了。

或者說，收留。

它們具有打通我們的一切感官的能量，我們因此獲得了放肆的想像。讓我們感到，人生在世莫大的愉快也不過如此。事實也的確如此。它比一切其他愉快都更愉快。這是他們——沒有閱讀經驗和閱讀優質文本經驗的人無法想像的。這是傳達者和接收者的雙重勝利。

它們有時更像一個月老，那個著名的姻緣之神，高高在上，明睜大眼，並看見一切，洞察一切，拋出紅線準確地縛住我們的手腕和腳踝，將我們和我們心儀的對象一一結合在一起，獲得幸福。我們任何人通通被這海潮似的幸福淹沒，醒來後，我們不約而同長嘆一口氣——因為誰都曉得了：我們將幸福終生。

這突來的幸福是如此劇烈，像第一次的疼痛和醺醉，以至於完全值得為它哭上那麼幾回。

我們當然不必在乎無知的人的譏笑。不用表白，甚至不用辯解——善不用辯解什麼，也不用躲；只有惡才喋喋不休，步步進逼。

面對它們，我們意興湍飛，激切不禁；我們語無倫次，言不及義。我們愉快，乃至幸福。

因為這樣幸福，我們充滿力氣，沒有什麼可以將我們輕易打倒。好像可以這樣過下去一百年。

我們因此活夠了一百年。

三

因為它們。我們幾乎是一切。我們無所不能。

它們是什麼，我們就有什麼；它們賜予什麼，我們就開放什麼；它們愛著什麼，我們就愛著什麼。恨也同樣。

為了它們，我們可以飢腸轆轆、衣不蔽體地跋涉。我們不知道，如果沒有它們，我們將拿什麼去安頓我們的靈魂？

為了它們，我們發明了事業，開一條江河，順著波峰浪谷用一生的時光去沉浮；為了它們，我們發明了愛情，鑿一個洞穴，穿越堅硬與柔軟一往情深；為了它們，我們發明了藝術，融化於花、葉與根的美與堅韌；為了它們，我們發明了宗教，設計了升入天堂的祕密通路……因此，所有的苦痛和災難都可以避免，所有的罪惡和不幸都不會發生……所有的美好都將長久留存。

我們能夠放下什麼，我們又能超越什麼？

生命的盡頭在哪裡？是山的那邊還是山本身？是海洋？是終點，還是輪迴的起點？不曉得。唯一可以肯定的是：它們在那裡。一直在那裡。這就好。

缺什麼？須貢獻什麼？

須貢獻我們的骨骼、血液？有短劍、長釘，木枷或十字架等在前面？可以。

有時也因為脆弱，差點就加入了告饒、長跪、朝覲與歌頌的佇列。但羞愧的淚水從天而降，洗刷掉我們的恥辱，我們繼續跋涉，哪怕赤足踏破芒鞋。

只有痛過，以血祭了，昭示了貞潔，它們才放心了，信了我們的忠誠，才肯化作我們的魔毯領航，載我們飛行。

四

在這大地上，我不知道還有什麼，能比上它們更美麗，美麗得讓我們不禁流下淚水。

就這樣，我們呼喚著彼此，想念著它們，開始了我們的長征。

有腳，長征無非路；有手，辛苦也是歌。

當然，有時也怕。

怕蟲災肆虐，怕大寒大旱，怕收穫時節稻草人無論如何都嚇不住燕雀的攀食禍害……可是怕又有什麼用？只能更辛勤地耕作。

要灑下農藥來抵擋蟲害，要廣罩最懂得照拂的大棚來擋寒風，要引來最懂得滋潤的河流來止住乾旱，要鑄造最懂得警醒的洪鐘來喝止那燕雀……要勇敢而堅定地，不分日夜，不停歇地耕作。

當然，手上的繭會更厚實，額上皺紋會更深刻，腰背會更弓如彎月，笑靨終將老成簫聲……但是，難道如此就要放棄耕作嗎？

不耕作的我們，怎麼敢回望它們的目光？值得終生感激的、無論老去還是離去，都永遠在回望我們的、母親一般的目光？

我的生命，凝重又輕盈、豐滿又娉婷的身子和心靈，原來全是為了它們。

五

是的，我看不到大地。我只看到你。

你一株一株，或一束一束，立在各處，踏著腐土，抓緊大地，不移動半步。

你如此多變，每一面都是不同樣子，且彰顯斑斕，且韜光養晦。

你雄壯就木本，溫情就草本；你俊朗就喬木，敦厚就灌木；你無花就驚鴻，有花就風鈴；你呼喊就爆裂，綻開身軀，不惜露出顆顆紅心；你肅靜就盡斂，收束腰身，森嚴包裹粒粒珍珠，除非剝開層層寒衣……你鬍渣犀利，粗糲銼刀，就如硬漢；你美髯飄飄，柔軟長鬚，就如哲人……你轉身，就如女子，說婆娑就婆娑，說婀娜就婀娜……是的，你是白樺，是合歡，是銀杏，是紫荊，是一串紅，是石榴，是玉米……這大地上，凡有根鬚的，都是你。

你被子，就含蓄；你裸子，就摯誠。

你鼓一鼓臂上肌肉，就光合作用，就葵，就普照；你現一現心底慈柔，就細心滋養，就藻，就潤物。

我在雨裡撐著傘，還嫌風大，冷得發抖；你在風裡，橫眉冷對，自己是傘，從沒怯懦。

你匍匐下，就是海——草也是你；立起來，就是山——松也是你。

你多長啊——你至柔在非洲的熱帶森林，三百多公尺，是高山仰止、無數打著圈圈不定氣根盤旋上升的白藤；你多高啊——你正直在澳洲的原始溼地，一百多公尺，是愛上層樓、鳥在上面歌唱如蚊子振翅微弱的桉樹。

你是戰士，在菜園、果園……田園周圍，變身質樸的木槿、勇敢的枸橘、持槍立正的女楨以及熱情四溢的三角楓，做著不辭辛勞護衛著的綠籬；你是少女，在花圃、果圃……植物群裡，變身端麗的百合、頑皮的石竹、性情綿軟的海棠以及清平澄澈的水仙，努力開花的紅顏。

不怕寒冷、酷熱，什麼時候沒有你？你忍冬，渴飲清露；你伴夏，餐風露宿——你美好而無窮的能量原來來自「不怕」。

你不怕，我就不怕。

其實，也可以說成：我不怕，你就不怕。

「不怕」，就是我們彼此示愛的關鍵字——簡直就是我們彼此示愛的唯一的詞彙。

我是你的祖父和玄孫，也是你的女兒和母親；我是你的妻子和情人，也是你的丈夫和兄弟。

別管頭上有些什麼，樹冠還是花冠——我當然也有著鐵打的肩膀，分擔了你的一些負重，還用力散發出芬芳香氣。

你是男子。你是女子。我也一樣——可不單單是眾人口中的薔薇或凌霄花那樣溫軟嬌弱的小姐。

唉，說到底，其實不用多好，也不必多——你的靜默沉著，不發一言，僅此一項，就足夠我愛上。人和你的德行如何能比？又豈是人可以習學來的？哦，叫囂的人，輕浮的人，軟弱的人，暴戾的人……該複雜時簡單，該簡單時複雜；該聰明時糊塗，該糊塗時聰明；該高尚時卑鄙，不該卑鄙時卑鄙……低級的人類啊——包括我——膚淺得可憐。這是你——叫做植物的、我們需求仰望才得以望見的高級生物所不可想像的。

你布滿所有，包括我的身體；你是一切，包括我的愛情。儘管你錯過了我的年華，錯過了我轉世時一閃而過的臉頰——從那一季開始，那個又收穫又播種、金風颯颯的仲秋開始，我當然也成為了一株植物，一株你年輪之外的晚生植物。這多麼榮幸。這難道是真的？

我看不到大地，我只看到你。

六

來，請你，請你把月光為我傾瀉下來，深深掩了，並等待。

等待軟軟的風的腳掌踏過，讓人感覺微癢地觸地了；等待斜斜的雨的眼波瞟過，漾漾地皺起來，等待你馥郁的樂章被譜寫……等待我的醒來——你磅礴寫詩的歲月，我才從老舊廢棄、花紋好看的河床上惺忪睡醒。

我靜靜地躺在黑夜裡，好像一匹展開的綢緞。

星光照耀，月亮像鳥兒一樣，動聽地鳴叫。

你把青草翻開，簇新的泥土味道在陽光下綻裂。野草花靜靜開放然後凋謝。有清脆的布穀鳥歌唱聲聲，在寂靜的空曠中迴盪。

餓了你來飼餵種子——那種子是粒粒精選的，飽滿渾圓，潤澤、頑皮；金黃、乳白、赤紅、醬紫……那些繾綣的體態和顏色，全部都給我。

渴也不怕，你在身邊——即便你離開時也都在，滿天滿地……從施肥到插秧，從翻土到鋤草，從血液到汗水，從醇酒到旺泉，那些伏身弓腰，流淌噴薄……全部都是你。

我能給你什麼呢？只能捧獻一點薄粥，略潤你因熾烈而乾枯的喉嚨，遮上一方帕子，擦一把因勞作而染塵的口鼻。

不過，你終究領受了，我薄粥、短帕的全部情意。與有情人做快樂事，苦也罷累也罷，又有什麼關係？你口中的糧食和水，那都是我。

它們每一個都有自己的名字：玉米、稻麥、紅豆、高粱……都是精壯的孩子，有力地踢打。在他們還在我煦暖的子宮裡酣睡的時候，我習慣用世界上最輕的聲音呼喚他們的名字。

——是的，我是大地的子宮。我是田野，你千里跋涉的溫柔——你在我身體的田裡，已往返萬次（還將往返萬次），那里程怕不早有了千里的遼闊，以及抵達心房的芬芳？

當然，也會有一枝溼淋淋的桃花、李花或梔子花在我的軀體內孕育，如晚風中的鴿子張開翅膀飛翔。它的子房和花柱將遍布顫巍巍的可愛絨毛，燈籠一般照亮我的體內……它當然是細嫩的女兒，粉嘟嘟著的小臉龐，圓滾滾的肥厚腳丫，等我特別輕柔的撫摸，和血泊裡特別漫長的臨盆。

那時，定有你在身邊，萬物作響，這全部來自你胸口的聲音，響著無邊的熱愛和熾烈。你因日夜不停歇的勞動而顯得特別壯碩，鬍渣荊針般倔強，額紋地壟似深沉，可你醉了一樣地微笑，露出缺失了一顆的牙齒，並用花朵一樣開滿厚繭的、河流般渾濁的大手，為它們慈愛地摩頂、洗禮，止不住地親吻它們——還有……親吻我。

我簡直能看到你脈絡裡清晰流動著的靈魂呢，它們一直隨著清風滲透進我心深處，把最柔軟易感的那一處彈撥出圈圈漣漪……也終於讓熱愛無處泅渡，在這樣杳渺的大地的中央。你血流充沛的萬馬嘶鳴傾注在我的身體——我會為你把身體全部打開，地氣蒸騰。

也許會有暴流如注、洪水滔天的時候，那我就退縮了嗎？不，因為有你和它們，我手上油紙傘樣的菟絲子會擎得更高更堅定。

當然也不能排除天氣酷旱，長河斷流，而大地龜裂那樣的陣痛只能讓我弓起腰肩，以口中津液和深吻，來滋養你和它們，來驅趕那滿荒。

更何況總有春風細雨，四個季節有四種不同的甜蜜和折磨。我甘願領受。我只在意我為哺乳所準備的一切是否周全——我溫熱馥郁的身體日趨豐腴，如同秋天的穗子一樣潛隱沉著。我口唇潤澤，胸部脹滿，雙頰粉紅，胸懷溫柔……朔風冷硬，偶爾會傷了我的耳膜，但有什麼關係？指尖溫軟，我就能感受你飛翔的翅膀。

我靜靜地躺在黑夜裡，好像一匹展開的綢緞。

星光照耀，月亮像鳥兒一樣，動聽地鳴叫。

七

守住。我輕聲咕噥著，也提醒自己不要沉沉睡去，在這很容易就睡去的子夜。因為有肥胖的田鼠會溜來。牠們還不像他們，他們不過動動嘴巴，嘲弄、汙蔑、威脅、恫嚇而已，牠們雖然也不過動動嘴巴，卻是要狠狠下口，啃食、撕咬、嚼碎、吞噬的。

不光啃食、撕咬、嚼碎、吞噬果實，還要啃食、撕咬、嚼碎、吞噬青苗、花朵、根鬚乃至種子。

種子，那是我們生命裡的鑽石！戴著漂亮的碎花頭巾、一不留神便笑成春天的種子！

撫摸著它們嬌弱、蒼老的軀體，它們潔白、瘡痍的心臟，它們雄邁、溫柔的血脈，它們堅強、無依的未來……我們的心不由得柔軟如緞，並睜大了雙眼，航標一樣轉動，企圖在黑暗的大海一般的麥田裡搜尋到那罪惡的源頭——昏暗、亂動、竊喜、好色的眼睛，以及尖細、通紅、翕動、垂涎、幾根稀疏的貪婪鬍子難看地翹動著的嘴巴。

守住。我再次叮嚀自己，像遠行前對美麗女兒的囑託和對與它相伴的同路人的請託。我是如此忐忑不安，放心不下。我們已經經不住失去。

霧靄也漫過來了，鋪天蓋地，不要命地迅跑。當然是想在最暗的時刻為那些嘴巴形成最有力的屏障和偽裝。

是的，偽裝。牠們可以被霧靄打扮成身著燕尾服的紳士、身著動輒數萬美金休閒服的商人、身著花花襯衫的藝人、身著筆挺西裝的官員……我得日日夜夜睜大雙眼，識破這天衣無縫的偽裝。這太難了，也太睏倦。我幾乎再一次想到退卻。不一定投誠、卻一定昏睡的退卻。

不。絕不。戎裝好看，哪裡抗拒得了它的誘惑？誘惑有壞誘惑，也有好的。我愛了這好誘惑，也必愛下去，才是唯一的、光明的出口。否則，愛要如何宣敘？又拿什麼盛放？

也沒有理由要求替換夥伴。我剛上崗，武器還沒擦亮。況且，看看夥伴們巡視一天、疲累得東倒西歪、懷抱槍枝、席地蜷曲、草草休憩的身影，我的心疼痛難忍。

他們不是出生在城堡裡有著金髮的王子（公主），也不是出生在馬廄裡，能一掌拍死一頭灰熊的騎士，或只懂得在窗前把玩著金蘋果等待戀人親吻的女孩。他們是最平凡的孩子，只因血脈賁張的驅使而來，並被分配武器。我愛他們。

還記得，剛來時，一個軍用水壺，我們推來讓去；一件禦寒衣裳，我們各披了半邊……你的飢渴，我掛念；你的體溫，我暖上。夜無邊際，我全沒忘，全沒忘……夜好冷好長！牙齒在顫抖，雙腳麻木，頰邊也掛了霜……沒有關係。我知道，你知道，我們因為這同一件心愛的事物，將相互體恤，將永不分離。

忍住，忍住……要忍住那樣的疼痛，就需求這樣明亮的眼睛來守住。守住收穫，尤其是種子。

守住，就會用明亮的眼睛逼退昏暗的眼睛，和那隨時一哄而上糟蹋一切的嘴巴；守住，就有天亮，和天亮後「轟隆隆」的收割的機器方陣，來收獲我們的收穫。

守住……

八

突然地，我就盲了。

看不到，一切都看不到了。你的壞，你的好，你的霸氣的舞蹈，無敵的笑，你的溫存的眼波，可愛的嘴角……蒼天見憐，還留下你向日葵一樣鮮麗明亮的氣息在我的鼻翼裡，不曾散去。它甚至越來越濃郁，越來越大，充塞得我無法呼吸……而自由的呼吸，對於自如的歌唱或舞蹈是多麼的重要！我是一名舞者啊！

我多麼慌張！

如果一定要盲，那麼就該在看到你之前盲掉才是啊，如此我才不會看不見、觸不到、記不得你的容顏。

你在哪兒？你、在哪兒？你、在、哪兒？……我的親密的、另一個跟自己一樣的舞伴？

每天我都想著你，默念你的名字，用無法忘卻的我的心意，低低絮語和訴說。

每天都說沒事、沒什麼，可為什麼，簡直忍不住溫熱的眼淚？

而荒原寂寂，除了我自己慌張的詢問，連一點回音都沒有。

沒有人曉得你去了哪裡。甚至，沒有人曉得你是誰。連打聽都無從打聽。

不是沒有等待過，在這長長的夜，我在風雨裡，帶著胡亂塞了幾件換洗衣物的包裹，在你來時必將經過的街角，瑟瑟發抖，等你回來拍一下我的肩。屆時，我便跟隨你，隨便走到哪裡去。可是，是不是因為夜太黑，風太大，雨太冷，路太滑，你返回的身影才仍杳如黃鶴？

你有什麼樣的苦楚和無奈？要如何傷悲才能如此決絕？你的眠食是否晨昏無序？怎樣才能撫平你的傷痕？你去的遠方到底多遠？什麼時候才是歸期？是不是你像研製祕密武器的那些專業人士，因肩負了不可說而必須做的神聖使命，守口如瓶，辛苦、孤單地悄悄隱匿？……也許，你注定要遠走，正如一些人註定要找尋。

我的心痛得流血，淚水洗淨了天空。

也曾有醫生來治療我，別的舞伴來陪我……可是，那有什麼用？只有你能治療我，只有你能陪伴我，翩然起舞。

雀麥草從來沒有停止過生長，夜晚也一樣——每一秒鐘我都在思念你。

那思念如同群蜂出窩，窮凶極惡。我無從抵禦。

也曾試著忘掉，全都忘掉，有關你的記憶一絲都不要存留。於是，麥桿成了我每日不離左右的手杖。可，我的拚命練習不過讓我更深刻地記住你。

沒有任何辦法。

於是，我手執好心人遞來的盲杖，上路，四處找尋你。身子堅定無比，心卻徬徨不定：如果找不到你，我要怎樣才能度過剩餘的生命？

如果沒有曾經看到，就不會曉得看不到的苦；如果沒有過對視，就不會曉得懂得的可貴……那潤物細無聲的眼波，那甫露出的心意，我都明瞭……可是，可是……我盲了。

我在白天走，在暗夜裡行，為了嚇住犬吠狼嗥，更為了自己壯膽，我大聲歌唱——那實在不像歌唱，任誰聽了都要停下動作，淚流成河。

我找尋你的蹤跡，分辨你的聲音——世界廣大，紛紛擾擾，到處滿荒，喧囂四起……要怎樣才能看到你、聽到你，讓你再次看到我、聽到我？

盲杖「達達」，配合我的心跳。它艱難探取著方圓一尺的範圍，我的心卻隨這聲響，飛翔得渺遠無邊。

有時會跌倒，臉頰也會被擦傷，結了疤，再掉了疤……頭髮一百年沒有整理過了，它往日的秀麗光亮、柔軟潔淨，都化成醜陋滯澀、鐵硬辛酸……唉，儘管我曉得你愛我不僅僅是因為我的美麗——當然不是——可，我還是希望你看到的是我好看一點的容顏。

糙陋的鞋子早破損得丟在路邊，腳趾已經在滴著鮮血——它們曾經多麼嬌嫩和白皙，今天就有多麼粗糲和黧黑。除了荊棘和水澤，也難免會沾到泥淖和糞汙，還有孩童們有意無意的譏笑和擲來的瓦礫石塊……因此，它們還挾帶了不潔和羞辱。

但為了找尋你，我怎能不忍住疼痛和心傷？

相信嗎？縱然失掉雙足，我還是能抵達你在的地方。

沒有人比我更深刻地愛你，即使我們註定要分離。

只要找到你，不管東西南北，我就能視過往一切如甘露。一飲而盡。

可是，對於你，我是那麼在意，在意得小心翼翼仍提心吊膽，在意得低進塵埃仍自輕自賤，在意得冷汗涔涔仍懷中抱冰，在意得雖焦渴無比仍捨不得飲你半滴——你當然是我的甘露。那樣神聖的天賜。我對自己毫無辦法。

我額上層疊的皺紋和唇邊白灼的燎泡為你而生，全為你而生。柔情也一樣。

我像幽靈漂浮在找尋的路上。

這找尋似乎無邊無際，卻也近在眼前。模糊的記憶裡，你的樣子清楚如昨日，即便是此刻，你的衣袖也彷彿觸手可及。

這找尋終將獲得報償。

九

有你守護著，我是多麼齷齪啊！每每被你托舉、旋轉、輕擁、黏纏，和你對視我都羞赧不堪，整個人都低到不能再低——你清亮的眼波使得我無法實施曾有的、無法說出口的怯懦。

你知道，很多時候，怯懦比正義更容易，更有誘惑力。

在明瞭我們是什麼之前，我們是不是先要弄清我們不是什麼，我們拒絕什麼，我們必須放棄什麼？而拒絕和放棄，是多麼難的一件事——它比掠奪還要難上千倍。你不得不承認，很多時候人類是讓人沮喪和失望的，沒有誰可以扭轉人類的本性。我們所要做的，只能是：管住我們自己，拒絕或放棄。

幸而還有你，我才知道我不是什麼，並有勇氣拒絕和放棄，不把自己賤賣給粗鄙的生活，從此，不致墮落——或墮落得不至於沉入谷底——跟他們一樣。

有時，我聽到路邊歇息的馬沉沉噴氣，便想：那馬的名字是不是叫做明駝？千里追風？那主人他……他是不是俊逸逼人，是不是你？

因為有你在心中，成為照耀四海的月亮，我便不怕撲入眼底的砂粒。那日，世界收束光芒，陰霾籠罩大地，風叫得淒厲，雨在哭泣……山路泥濘，傷痛難忍，我坐下來，不由得低頭大哭一場，雨順著我的眼睫飛流而下……可是，淚一擦乾，我就上路。

當然，要找尋你，除了跋山，還須涉水。可是，到得水邊，只覺一隻粗壯的胳臂，鐵一樣，攔在我胸前，一個聲音冷冷地說：「先給錢，人才上。」

這當然是那個名字取作「物質至上」的舵手，認錢不認人、錢多不咬手的舵手。他憑藉什麼成為了舵手？難道全只因那隻粗壯的胳臂？……還沒等我想完，聽見許多暴戾之聲，便知紅著眼睛的人就像鐵達尼號上的最後一班旅人，爭先恐後地去擠那艘船，唯恐自己被漏掉；有的甚至踩了別人的身體，推開婦幼，以期自身獲得拯救……而那船終將傾覆。

雖然我是那麼想渡船去找尋你，但我摸索著岸邊繩索，毅然大步退後，聽船聲迤邐，喧嚷遠走……身邊，春天綠得幾乎跳起來，扯我裙裾，使它飛揚。

我收拾心情，重整衣袂。我知道，你要的，是同伴而不是共犯。這意義遠比找尋你更加重要。

我是你溫柔的鴿子，當然也是你無畏的鷹——哪怕盲了，也存貞觀、大義、古典和端正。

你會因此更加愛我。

我因為這行動的選擇和想像的甜蜜，而更加思念你。

多麼期待我們的團聚……別忘了我是因為你才踏上黑暗的勇敢之旅。

沒有你的殘缺得靠什麼才能補綴？這殘缺，是一腳踏空的辛苦，瞽目摸象的悵然。

我的眼睛盲了，索性把自己的心也藏起來，不讓它共花爭發，還密密地裹了一層又一層，天地也窺它不得。

只有在找尋到你的那一刻，它才會卯足了勁，掙脫所有的絲線，笑逐顏開。

然後，用片刻的熱烈舞蹈，伴著舞曲微弱的回音，度過餘生的寧靜日子。

就是這樣。

唉，我找尋你的期許，不過這樣。

電子書購買

國家圖書館出版品預行編目資料

無用之用：偷得書墨一段香 / 簡墨 編著 . -- 第一版 . -- 臺北市：崧燁文化事業有限公司, 2022.10
面； 公分
POD 版
ISBN 978-626-332-780-1(平裝)
1.CST: 書評 2.CST: 文學評論
011.69 111015079

無用之用：偷得書墨一段香

臉書

編　　著：簡墨
發 行 人：黃振庭
出 版 者：崧燁文化事業有限公司
發 行 者：崧燁文化事業有限公司
E-mail：sonbookservice@gmail.com
粉 絲 頁：https://www.facebook.com/sonbookss/
網　　址：https://sonbook.net/
地　　址：台北市中正區重慶南路一段六十一號八樓 815 室
Rm. 815, 8F., No.61, Sec. 1, Chongqing S. Rd., Zhongzheng Dist., Taipei City 100, Taiwan
電　　話：(02) 2370-3310　　　傳　　真：(02) 2388-1990
印　　刷：京峯彩色印刷有限公司（京峰數位）
律師顧問：廣華律師事務所 張珮琦律師

定　　價：270 元
發行日期：2022 年 10 月第一版
◎本書以 POD 印製